"十二五"普通高等教育本科国家级规划教材

综合日语

第三版

总主编 彭广陆 〔日〕守屋三千代

第一册学习手册

主 编 何 琳 刘 健
编 者 冷丽敏 杨 峻
审 校 〔日〕滨田亮辅 〔日〕山本美纪
插 图 贾宇萌

图书在版编目（CIP）数据

综合日语第一册学习手册 / 何琳, 刘健主编. —3版. —北京：北京大学出版社, 2022.8
ISBN 978-7-301-33119-4

Ⅰ.①综… Ⅱ.①何…②刘… Ⅲ.①日语–高等学校–教学参考资料 Ⅳ.① H369.39

中国版本图书馆 CIP 数据核字(2022) 第 104598 号

书　　　名	综合日语（第一册学习手册）（第三版） ZONGHE RIYU (DI-YI CE XUEXI SHOUCE) (DI-SAN BAN)
著作责任者	何　琳　刘　健　主编
责任编辑	兰　婷
标准书号	ISBN 978-7-301-33119-4
出版发行	北京大学出版社
地　　　址	北京市海淀区成府路 205 号　100871
网　　　址	http://www.pup.cn　新浪微博：@北京大学出版社
电子邮箱	编辑部 pupwaiwen@pup.cn　总编室 zpup@pup.cn
电　　　话	邮购部 010-62752015　发行部 010-62750672　编辑部 010-62759634
印　刷　者	河北文福旺印刷有限公司
经　销　者	新华书店 787 毫米 ×1092 毫米　16 开本　15 印张　397 千字 2005 年 9 月第 1 版　2013 年 11 月第 2 版 2022 年 8 月第 3 版　2024 年 10 月第 6 次印刷
定　　　价	48.00 元

未经许可，不得以任何方式复制或抄袭本书之部分或全部内容。
版权所有，侵权必究
举报电话：010-62752024　电子邮箱：fd@pup.cn
图书如有印装质量问题，请与出版部联系，电话：010-62756370

前　言

《综合日语》（第三版）系列教材由主教材、学习手册、教学参考书组成。本册可与《综合日语》（第一册）（第三版）配套使用。

学习手册为学生自主学习提供有效的学习方案，每一单元由课前学习、课后学习以及自我检测组成。

1. 课前学习

采用思维导图等直观、简洁的可视化方式呈现词汇、语法等主要语言知识，降低理解难度，呈现思考过程，激发思考，提高记忆的有效性，鼓励学生通过观察、思考、实践完成语言知识的自主学习，为课堂上开展学习活动、解决问题做好准备，为翻转课堂、混合式教学等教学方式提供有效的支持。

2. 课后学习

帮助学生梳理各单元重点学习内容，及时对学习情况进行自我评价。

3. 自我检测

主要由原练习册的内容组成，涵盖教材的学习重点、难点。包括（1）文字、词汇、语法；（2）听力；（3）阅读三大部分，帮助学生归纳、整理语言基础知识，查漏补缺。

学习手册参考答案参见《综合日语：教学参考书》（第三版）。

《综合日语》（第三版）系列教材通过公共网络平台分享优质学习资源，超越了固定模式，打破了"纸质媒介"的限制，成为动态、多模态的系列教材。《综合日语：学习手册》（第三版）出版后，编委会将根据时代的发展、使用者的反馈，不断更新、补充动态资源，为日语学习提供更有效的帮助。

在编写过程中，所有成员倾注了大量心血，但是由于水平有限，难免存在不尽如人意之处，希望广大师生批评指正，以便今后不断修订完善。衷心感谢大家对本教材的厚爱，希望《综合日语：学习手册》（第三版）能够伴随更多学习者轻松、愉快地学习日语。

《综合日语：学习手册》（第三版）编者

2022年5月20日

目　次

第1課　音声·· 1
　ユニット1　　五十音図·· 1
　ユニット2　　特殊発音·· 8
　自我検測··· 14

第2課　新生活··· 16
　ユニット1　　はじめまして··· 16
　ユニット2　　家族の写真··· 21
　ユニット3　　京華大学へようこそ·· 25
　自我検測··· 28

第3課　キャンパス・スケジュール··· 34
　ユニット1　　キャンパス··· 34
　ユニット2　　スケジュール··· 38
　ユニット3　　サークル情報··· 43
　自我検測··· 47

第4課　日本語の勉強··· 53
　ユニット1　　日本語学習··· 53
　ユニット2　　相互学習··· 57
　ユニット3　　高橋さんの日記··· 61
　自我検測··· 64

文法のまとめ（第1―4課）··· 71

第5課　高橋さんの留学生活·· 74
　ユニット1　　スマートフォン··· 74
　ユニット2　　カフェ··· 79

目 次

  ユニット3 アンケート 82
  自我検測 85

第6課 スピーチコンテスト応援 91
  ユニット1 スピーチコンテスト 91
  ユニット2 大学祭 95
  ユニット3 私の留学日記 97
  自我検測 102

第7課 案内 108
  ユニット1 北京案内 108
  ユニット2 本場の中華料理 112
  ユニット3 万里の長城 115
  自我検測 118

文法のまとめ（第5—7課） 125

第8課 学生生活 129
  ユニット1 宿題 129
  ユニット2 オンライン決済 132
  ユニット3 報告書 136
  自我検測 138

第9課 買い物 146
  ユニット1 ショッピングモールで 146
  ユニット2 家電量販店で 152
  ユニット3 電子辞書の取り扱い説明書 155
  自我検測 158

第10課 ルールとマナー 166
  ユニット1 寮のルール1 166
  ユニット2 寮のルール2 170
  ユニット3 食事のマナー日中比較 174
  自我検測 177

文法のまとめ（第8—10課） 184

第11課　京劇と歌舞伎……………………………………………………… 187
　ユニット1　誘いの電話………………………………………………… 187
　ユニット2　高橋さんの夢……………………………………………… 191
　ユニット3　日本の伝統芸能：歌舞伎………………………………… 195
　自我検測………………………………………………………………… 199

第12課　年末………………………………………………………………… 207
　ユニット1　忘年会の相談……………………………………………… 207
　ユニット2　忘年会……………………………………………………… 210
　ユニット3　日本語学習の振り返り…………………………………… 213
　自我検測………………………………………………………………… 217

文法のまとめ（第11—12課）……………………………………………… 225

助詞のまとめ………………………………………………………………… 228

第1課　音声

ユニット1　五十音図

课前学习

1. 关于日本和日语你了解什么呢？梳理一下，写写关键词！

2. 仔细观察日语文字。

第 1 課　音声

3. 这是日语的五十音图，每一个空格里面包括平假名、片假名和罗马字。仔细观察，你能发现有什么规律吗？

	あ段	い段	う段	え段	お段
あ行	あ ア a	い イ i	う ウ u	え エ e	お オ o
か行	か カ ka	き キ ki	く ク ku	け ケ ke	こ コ ko
さ行	さ サ sa	し シ si	す ス su	せ セ se	そ ソ so
た行	た タ ta	ち チ ti	つ ツ tu	て テ te	と ト to
な行	な ナ na	に ニ ni	ぬ ヌ nu	ね ネ ne	の ノ no
は行	は ハ ha	ひ ヒ hi	ふ フ hu	へ ヘ he	ほ ホ ho
ま行	ま マ ma	み ミ mi	む ム mu	め メ me	も モ mo
や行	や ヤ ya	（い イ） i	ゆ ユ yu	（え エ） e	よ ヨ yo
ら行	ら ラ ra	り リ ri	る ル ru	れ レ re	ろ ロ ro
わ行	わ ワ wa	（ゐ ヰ） i	（う ウ） u	（ゑ ヱ） e	を ヲ wo
	ん ン n				

4. 五十音图的"行"与"段"。

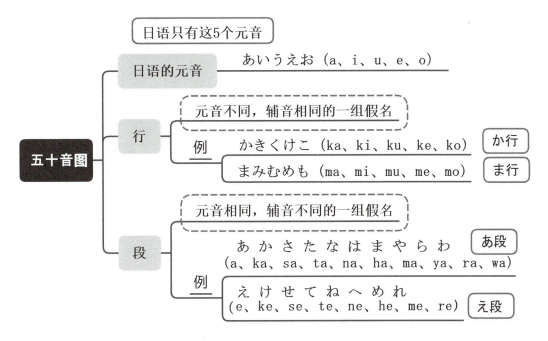

课后学习

1. 试着默写五十音图。

	a段	i段	u段	e段	o段
a行					
ka行					
sa行					
ta行					
na行					
ha行					
ma行					
ya行					
ra行					
wa行					

第 1 課　音声

2. 从下列图片中找出平假名、片假名、汉字，填入右侧的表格中。

平假名	
片假名	
汉字	
其他信息	

平假名	
片假名	
汉字	
其他信息	

平假名	
片假名	
汉字	
其他信息	

片假名的单词读出声来，你肯定能猜到它的意思！很多汉字的音读与汉语发音很像哦。

3. 梳理日语声调的规律。

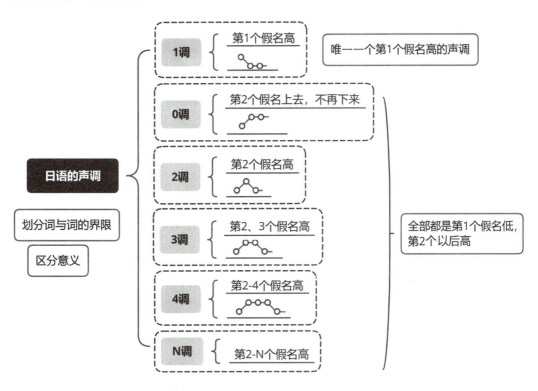

4. 拼读单词，注意声调。

あ行

(1) 愛（あい）①　　(2) 会う（あう）①　　(3) 青（あお）①

(4) いい①　　(5) 家（いえ）②　　(6) 上（うえ）⓪

(7) いいえ③　　(8) エア①　　(9) 言い合う（いいあう）③

か行

(1) 駅（えき）①　　(2) 億（おく）①　　(3) 秋（あき）①

(4) 苔（こけ）②　　(5) 機会（きかい）②　　(6) ケア①

(7) 帰国（きこく）⓪　　(8) 記憶（きおく）⓪　　(9) キウイ①

さ行

(1) 今朝（けさ）①　　(2) 好き（すき）②　　(3) 誘い（さそい）⓪

(4) 西瓜（すいか）⓪　　(5) お菓子（おかし）②　　(6) 基礎（きそ）①

(7) お酒（おさけ）⓪　　(8) あそこ⓪　　(9) 国籍（こくせき）⓪

た行

(1) 竹（たけ）⓪　　(2) 外（そと）①　　(3) いくつ①

(4) 近い（ちかい）②　　(5) 大切（たいせつ）⓪　　(6) 口（くち）⓪

第1課　音声

(7) 靴（くつ）②　　(8) 暑い（あつい）②　　(9) 知識（ちしき）①

な行
(1) 肉（にく）②　　(2) 兄（あに）①　　(3) 姉（あね）⓪
(4) 西（にし）⓪　　(5) 熱意（ねつい）①　　(6) 絹（きぬ）①
(7) 中（なか）①　　(8) 素直（すなお）①　　(9) 九つ（ここのつ）②

は行
(1) はい①　　(2) 花（はな）②　　(3) 一つ（ひとつ）②
(4) 骨（ほね）②　　(5) 八（はち）②　　(6) 臍（へそ）⓪
(7) 船（ふね）①　　(8) 箱（はこ）⓪　　(9) 太い（ふとい）②

ま行
(1) 暇（ひま）⓪　　(2) 道（みち）⓪　　(3) 胸（むね）②
(4) 娘（むすめ）③　　(5) 雲（くも）①　　(6) 頭（あたま）③
(7) 秘密（ひみつ）⓪　　(8) もしもし①　　(9) 寒い（さむい）②

や行
(1) 山（やま）②　　(2) 予約（よやく）⓪　　(3) 浴衣（ゆかた）⓪
(4) 読む（よむ）①　　(5) 夢（ゆめ）②　　(6) 安い（やすい）②
(7) 休み（やすみ）③　　(8) 意欲（いよく）①　　(9) 約束（やくそく）⓪

ら行
(1) 鳥（とり）⓪　　(2) 留守（るす）①　　(3) 後（うしろ）⓪
(4) 二人（ふたり）③　　(5) 彼（かれ）①　　(6) 色（いろ）②
(7) 村（むら）②　　(8) 履歴（りれき）⓪　　(9) 丸い（まるい）⓪

わ行
(1) 庭（にわ）⓪　　(2) 終わり（おわり）⓪　　(3) 笑い（わらい）⓪
(4) 悪い（わるい）②　　(5) ヒマワリ②
(6) 柔らかい（やわらかい）④

5. 观察平假名的书写。

明朝体（mincho）　　　　　　　手写体
（用于书报等印刷物）

あ	い	う	え	お
か	き	く	け	こ
さ	し	す	せ	そ
た	ち	つ	て	と
な	に	ぬ	ね	の
は	ひ	ふ	へ	ほ
ま	み	む	め	も
や		ゆ		よ
ら	り	る	れ	ろ
わ			を	ん

あ	い	う	え	お
か	き	く	け	こ
さ	し	す	せ	そ
た	ち	つ	て	と
な	に	ぬ	ね	の
は	ひ	ふ	へ	ほ
ま	み	む	め	も
や		ゆ		よ
ら	り	る	れ	ろ
わ			を	ん

6. 以下交际用语什么时候使用呢？

ユニット2 特殊発音

课前学习

1. 默写五十音图。

按照顺序默写，不会的暂时空着，全部默写完之后，参照书上的五十音图，把自己没记住的填写进去。按照这个方法练习几次，很快就能记住啦！

	a段	i段	u段	e段	o段
a行					
ka行					
sa行					
ta行					
na行					
ha行					
ma行					
ya行					
ra行					
wa行					

2. 观察、理解日语浊音的规律。

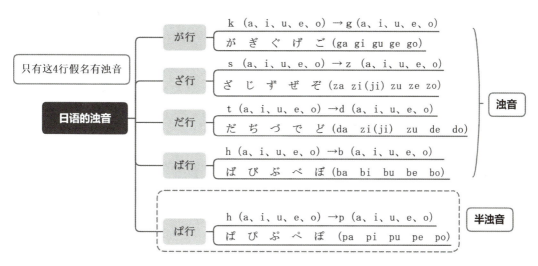

🎧 拼读单词：

(1) 海外（かいがい）①　　　　　(2) 不思議（ふしぎ）⓪

(3) 来月（らいげつ）①　　　　　(4) 家族（かぞく）①

(5) 同じ（おなじ）⓪　　　　　　(6) 必ず（かならず）⓪

(7) 果物（くだもの）②　　　　　(8) 窓（まど）①

(9) 思い出（おもいで）⓪　　　　(10) 首（くび）⓪

(11) 祖母（そぼ）①　　　　　　(12) 例えば（たとえば）②

(13) ポスト①　　　　　　　　　(14) ぺこぺこ ⓪

(15) ぽかぽか ①

3. 观察、理解日语拨音的规律。

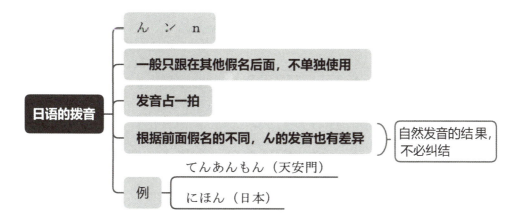

第1課　音声

🎧 **拼读单词：**

(1) 日本語（にほんご）⓪　　(2) 人気（にんき）⓪
(3) 簡単（かんたん）⓪　　(4) 新年（しんねん）①
(5) 天安門（てんあんもん）③　　(6) 新幹線（しんかんせん）③
(7) すみません④　　(8) こんにちは（wa）⑤

4. 观察、理解日语长音的规律。

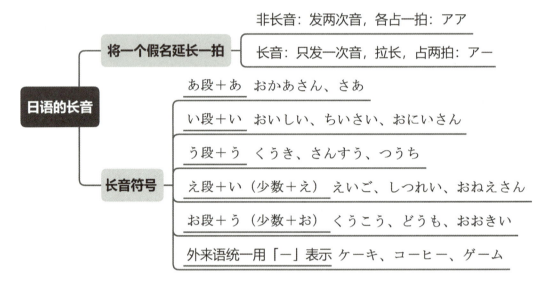

🎧 **拼读单词：**

(1) 高校（こうこう）⓪　　(2) 空気（くうき）①
(3) 映画（えいが）①⓪　　(4) 相談（そうだん）⓪
(5) 小さい（ちいさい）③　　(6) かわいい　③

5. 观察、理解日语促音的规律。

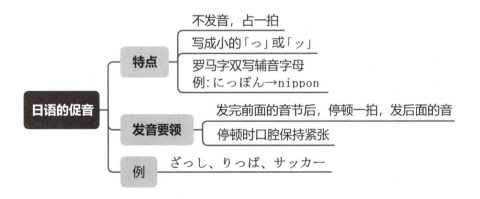

🎧 拼读单词：

(1) とっても ⓪　　　　　　(2) 喫茶店（きっさてん）③⓪

(3) 結婚（けっこん）⓪　　(4) 作家（さっか）⓪

(5) 日記（にっき）⓪　　　(6) 実際（じっさい）⓪

6. 观察日语拗音的规律。

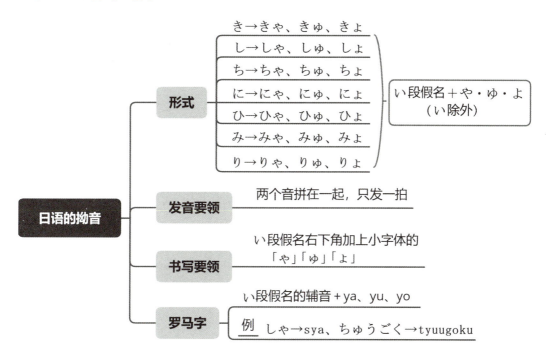

🎧 拼读单词：

(1) 中国（ちゅうごく）①　　(2) 入学（にゅうがく）⓪

(3) 資料（しりょう）①　　　(4) 病院（びょういん）⓪

课后学习

🎧 1. 拼读浊音的单词。

(1) どれ①　　　　　　　　　(2) 恋人（こいびと）⓪

(3) 言葉（ことば）③　　　　(4) 時間（じかん）⓪

(5) 平仮名（ひらがな）③　　(6) 大学（だいがく）⓪

(7) ぼく①　　　　　　　　　(8) 残念（ざんねん）③

第1課　音声

🎧 2. 拼读拨音的单词。

(1) 安心（あんしん）⓪　　(2) 温泉（おんせん）⓪
(3) 試験（しけん）⓪　　(4) 人気（にんき）⓪
(5) 面接（めんせつ）⓪　　(6) 運転（うんてん）⓪
(7) 会員（かいいん）⓪　　(8) 専門（せんもん）⓪

🎧 3. 拼读长音的单词。

(1) 高校（こうこう）⓪　　(2) 先生（せんせい）③
(3) 有名（ゆうめい）⓪　　(4) 大きい（おおきい）③
(5) 必要（ひつよう）⓪　　(6) 最高（さいこう）⓪
(7) 大勢（おおぜい）⓪　　(8) シーズン①

🎧 4. 拼读促音的单词。

(1) 一人っ子（ひとりっこ）③　　(2) 結果（けっか）⓪
(3) 学校（がっこう）⓪　　(4) 立派（りっぱ）⓪
(5) 日本（にっぽん）③　　(6) サッカー①
(7) インターネット⑤　　(8) 北京（ぺきん）ダック④

🎧 5. 拼读拗音的单词。

(1) 会社（かいしゃ）⓪　　(2) 勉強（べんきょう）⓪
(3) 努力（どりょく）①　　(4) 小説（しょうせつ）⓪
(5) 優秀（ゆうしゅう）⓪　　(6) 発表（はっぴょう）⓪
(7) 入学（にゅうがく）⓪　　(8) チョコレート③

6. 梳理语音阶段学习的主要内容，完成下表。

五十音图	行	（　）相同（　）不同的一组假名	
		例：	
	段	（　）相同（　）不同的一组假名	
		例：	

日语的声调	1调	第（　）个假名高　例：
	0调	第（　）个假名上去，不再下来　例：
	2调	第（　）个假名高　例：
	3调	第（　）个假名高　例：
	4调	第（　）个假名高　例：
	N调	第（　）个假名高　例：

特殊音节		你的理解	例
	拨音		
	浊音		
	长音		
	促音		
	拗音		

7. 现在你已经可以认读所有日语单词了！试着拼读一下第2课的单词吧！

第1課　音声

自我检测

1. 把下列平假名改成片假名。

(1) さらだ ＿＿＿＿＿＿　　(2) てれび ＿＿＿＿＿＿
(3) ゆにっと ＿＿＿＿＿＿　　(4) さーくる ＿＿＿＿＿＿
(5) あるばいと ＿＿＿＿＿＿　　(6) ぷれぜんと ＿＿＿＿＿＿
(7) きゃんぱす ＿＿＿＿＿＿　　(8) れすとらん ＿＿＿＿＿＿
(9) すけじゅーる ＿＿＿＿＿＿　　(10) こんぴゅーた ＿＿＿＿＿＿

2. 把下列片假名改成平假名。

(1) トモダチ ＿＿＿＿＿＿　　(2) ツミカサネ ＿＿＿＿＿＿
(3) ヨウコソ ＿＿＿＿＿＿　　(4) ヒコウキ ＿＿＿＿＿＿
(5) センパイ ＿＿＿＿＿＿　　(6) タンジョウビ ＿＿＿＿＿＿
(7) テンアンモン ＿＿＿＿＿＿　　(8) ハッピョウカイ ＿＿＿＿＿＿
(9) リュウガクセイ ＿＿＿＿＿＿　　(10) コンヤクシャ ＿＿＿＿＿＿

3. 听录音，从a～d中选择与录音内容相符的答案。

(1) a. きし　　b. きち　　c. しち　　d. しひ
(2) a. かな　　b. から　　c. なら　　d. ばら
(3) a. ミルク　　b. シルク　　c. グルメ　　d. グラム
(4) a. けんじ　　b. かんじ　　c. せんじ　　d. なんじ
(5) a. たばこ　　b. たまご　　c. たてる　　d. ためる
(6) a. けいこ　　b. けいこう　　c. けっこう　　d. けんこう
(7) a. しゅんせつ　　b. しょうせつ　　c. ちょうせつ　　d. ちゅうせつ
(8) a. えいご　　b. けいご　　c. せいご　　d. めいご
(9) a. いいたて　　b. いたって　　c. いたいって　　d. いったって
(10) a. しゅしょう　　b. さしょう　　c. そうしょう　　d. そしょう

4. 听录音，完成下列单词。

(1) いちや＿＿＿＿＿＿　　(2) ＿＿＿＿＿＿ふく
(3) あん＿＿＿＿＿＿　　(4) ＿＿＿＿＿＿ざい

(5) きょう_____　　　　(6) パー_____
(7) さん_____　　　　　(8) _____しょく
(9) チケ_____　　　　　(10) チャ_____

5. 听录音，选择正确答案。

(1) a. おばさん　　　　　　(2) a. さんねん
　　b. おばあさん　　　　　　b. せんねん
(3) a. くろくなった　　　　(4) a. あたたかい
　　b. くらくなった　　　　　b. あったかい
(5) a. いうこときたない　　(6) a. さいてきなパソコン
　　b. いうことをきかない　　b. さいていなパソコン
(7) a. こころよいおへんじ　(8) a. かいけいがすんだ
　　b. こころづよいおへんじ　b. たいていすんだ
(9) a. にほんごのちょうさひょう　(10) a. いとしいひとではありません
　　b. にほんごのきょうかしょ　　　b. うっとうしいひとではありません

6. 听录音，写出下列单词。

(1) _____　　(2) _____
(3) _____　　(4) _____
(5) _____　　(6) _____
(7) _____　　(8) _____
(9) _____（片仮名）　(10) _____（片仮名）

第2課　新生活

##

课前学习

🎧 **1. 听录音，给汉字注音，并熟读这些单词。**

(1) 日本＿＿＿＿＿＿＿＿　　(2) 日本語＿＿＿＿＿＿＿＿

(3) 学科＿＿＿＿＿＿＿＿　　(4) 日本語学科＿＿＿＿＿＿＿＿

(5) 大学＿＿＿＿＿＿＿＿　　(6) 高校＿＿＿＿＿＿＿＿

(7) 語学＿＿＿＿＿＿＿＿　　(8) 留学生＿＿＿＿＿＿＿＿

(9) 知り合い＿＿＿＿＿＿　　(10) 日本の方＿＿＿＿＿＿＿

(11) 後輩＿＿＿＿＿＿＿＿　　(12) 語学留学生＿＿＿＿＿＿＿

2. 找出汉字的发音规律。

3. 挑战一下单词的读音。

　　大学生⑤　　　高校生③　　　科学①

4. 用词典查下列单词的意思。

　　彼女（かのじょ）　　こちら　　きのう（昨日）　　今（いま）

5. 仔细观察日语汉字与汉语汉字的不同。

　　後輩　京華大学　語学　王宇翔　高橋美穂　鈴木真一

ユニット1　はじめまして

6. 听录音，模仿交际用语。

(1)　　(2)　　(3)　　(4)　　(5)　　(6)　　(7)

7. 熟悉一下将要伴随我们快乐学习日语的主人公吧！

王宇翔（おう-うしょう）①-①

高橋美穂（たかはし-みほ）②-①

鈴木真一（すずき-しんいち）⓪-⓪

李東（り-とう）①-①

京華大学（きょうかだいがく）④

8. 仔细观察本课出现的助词的意义和规律。

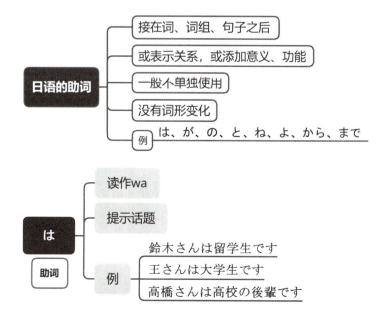

9. 仔细观察、体会日语判断句的规律。

10. 思考自我介绍一般主要包含哪些内容？要注意什么？

ユニット1　はじめまして

课后学习

1. 记录今天从其他同学那里学到的表达、观点等。

   _____
   _____
   _____
   _____

2. 学完第1单元，对小王、高桥、铃木，你了解到了哪些信息？

王さん	
高橋さん	
鈴木さん	
其他信息	

3. 学完第1单元，你能够做以下事情。请完成下列学习项目。

向朋友问好	
道歉	
初次见面寒暄	
说出自己的名字	
说出自己的身份	

4. 在一个高校日语学习会上，怎样向来自其他大学的同学介绍自己呢？

   _____
   _____
   _____
   _____

5. 学习第1单元后，你对日语有什么新的认识？用汉语梳理一下吧。

   _____
   _____
   _____
   _____

6. 对照本课的学习目标，完成下列自我检测卡，检测自己的达标情况。

学习目标	例句	达标情况
N₁はN₂です〈名词谓语句〉		
Sか〈疑问〉		
の〈领属〉		
Sね〈确认〉		
N₁で、N₂です〈句子间中顿〉		

基本理解＝达标
完全理解＝超水平
尚未理解＝未达标

ユニット 2　家族の写真

课前学习

1. 听录音，给汉字注音，并熟读这些单词。

（1）私　　　　＿＿＿＿＿＿　　　（2）父　　　　＿＿＿＿＿＿
（3）母　　　　＿＿＿＿＿＿　　　（4）お母さん　＿＿＿＿＿＿
（5）姉　　　　＿＿＿＿＿＿　　　（6）弟　　　　＿＿＿＿＿＿
（7）祖母　　　＿＿＿＿＿＿　　　（8）両親　　　＿＿＿＿＿＿
（9）家族　　　＿＿＿＿＿＿　　　（10）医者　　　＿＿＿＿＿＿
（11）教員　　　＿＿＿＿＿＿　　　（12）会社員　　＿＿＿＿＿＿
（13）小学校　　＿＿＿＿＿＿　　　（14）婚約者　　＿＿＿＿＿＿
（15）恋人　　　＿＿＿＿＿＿　　　（16）名前　　　＿＿＿＿＿＿
（17）２年生　　＿＿＿＿＿＿　　　（18）17歳　　　＿＿＿＿＿＿
（19）何人　　　＿＿＿＿＿＿　　　（20）一人っ子　＿＿＿＿＿＿

2. 找找汉字的读音规律。

（1）会社員　教員　→　員
（2）医者　　婚約者　→　者
（3）小学校　高校　→　校

3. 挑战一下汉字的读音。

社会　　医学　　母校　　親族　　両者　　本社

4. 仔细观察、体会疑问词的意义和用法。

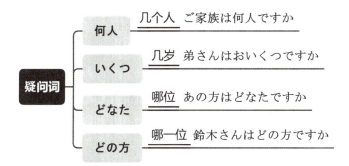

5. 仔细观察、体会表示并列的助词「と」的意义和用法。

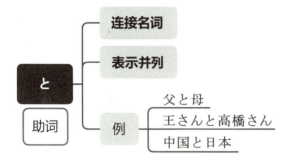

6. 仔细观察、体会连体词的意义和用法。

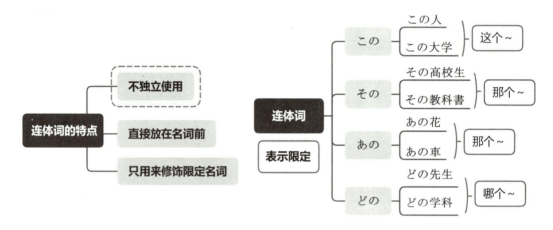

7. 本单元我们将学习介绍自己的家庭成员。

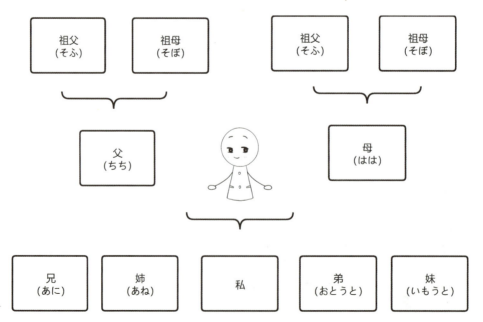

8. 仔细观察、体会日语的敬称和爱称。

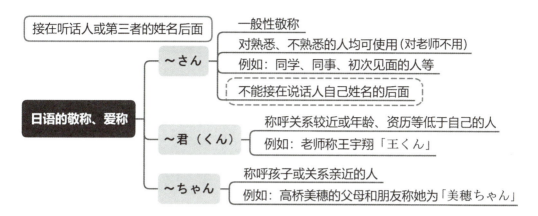

课后学习

1. 记录今天从其他同学那里学到的表达、观点等。

_____
_____
_____
_____

2. 整理一下你从第2单元获得的信息。

王さんの家族	
高橋さんの家族	

3. 学完第2单元，你能够做以下事情。请完成下列学习项目。

说家庭成员	
说一下年龄	
说一下年级	
说一下工作	

4. 对照本课的学习目标，完成下列自我检测卡，检测自己的达标情况。

学习目标	例句	达标情况
疑问词		
と〈并列〉		
この、その、あの、どの〈指示〉		

京華大学へようこそ

课前学习

🎧 1. 下列汉字的读音都是"音读",与汉语的发音接近,猜猜它们读作什么,然后听录音看看是否猜对了。

(1) 学生数 ＿＿＿＿＿＿＿＿ (2) 学部 ＿＿＿＿＿＿＿＿
(3) 理系 ＿＿＿＿＿＿＿＿ (4) 文系 ＿＿＿＿＿＿＿＿
(5) 一部 ＿＿＿＿＿＿＿＿ (6) 文法 ＿＿＿＿＿＿＿＿
(7) 中国語 ＿＿＿＿＿＿＿＿ (8) 修学年数 ＿＿＿＿＿＿＿＿
(9) 大学院 ＿＿＿＿＿＿＿＿ (10) 約 ＿＿＿＿＿＿＿＿
(11) その他＿＿＿＿＿＿＿＿

🎧 2. 听录音,给汉字注音。

(1) 皆さん＿＿＿＿＿ (2) 私 ＿＿＿＿＿ (3) 学長 ＿＿＿＿＿
(4) 創立 ＿＿＿＿＿ (5) 総合＿＿＿＿＿ (6) 現在 ＿＿＿＿＿
(7) 国際 ＿＿＿＿＿ (8) 教育＿＿＿＿＿ (9) 研究所＿＿＿＿＿
(10) 主要 ＿＿＿＿＿ (11) 科目＿＿＿＿＿ (12) 発音＿＿＿＿＿
(13) 会話 ＿＿＿＿＿ (14) 聴解＿＿＿＿＿ (15) 作文＿＿＿＿＿
(16) 言葉 ＿＿＿＿＿ (17) 勉強＿＿＿＿＿ (18) 日々＿＿＿＿＿
(19) 努力 ＿＿＿＿＿ (20) 積み重ね＿＿＿＿＿

3. 学习"年"的说法。

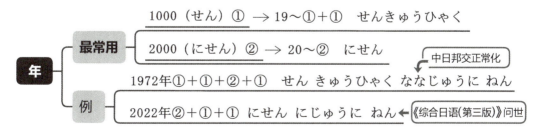

第2課　新生活

写几个你认为重要的年份吧。

_____
_____
_____

4. 挑战以下汉字的读音。

(1) 社長_____　　(2) 部長_____
(3) 学部_____　　(4) 文学_____
(5) 理科_____　　(6) 数学_____
(7) 大学院生_____

> 用你知道的汉字的读音去推测

5. 仔细观察、体会表示同位的「の」的意义和规则。

```
         ┌─ 領属 ─┬─ 鈴木さんの彼女
         │       └─ 日本語学科の学生
の ──────┤
         │       ┌─ 友達の王さん
         └─ 同位 ┼─ 先輩の鈴木さん
                 └─ 学長の張光輝
```

课后学习

1. 记录今天从其他同学那里学到的表达、观点等。

_____
_____
_____
_____

2. 学完第3单元，你能够做以下事情。请完成下列学习项目。

表示欢迎	
郑重地介绍自己	
简单介绍自己的学校	

3. 读下列大学简介，体会汉字在日语学习中的作用。

用你的汉字知识去推测大致内容哦

　　東西大学は、学問の自由に基づき、真理の探究と知の創造を求め、世界最高水準の教育・研究を維持・発展させることを目標とする。研究が社会に及ぼす影響を深く自覚し、社会のダイナミズムに対応して広く社会との連携を確保し、人類の発展に貢献することに努める。東西大学は、創立以来の学問的蓄積を教育によって社会に還元するとともに、国際的に教育・研究を展開し、世界と交流する。

　　東西大学は、東西大学で学ぶに相応しい資質を有するすべての者に門戸を開き、広い視野を有するとともに高度の専門的知識と理解力、洞察力、実践力、想像力を兼ね備え、かつ、国際性と開拓者的精神をもった、各分野の指導的人格を養成する。このために東西大学は、学生の個性と学習する権利を尊重しつつ、世界最高水準の教育を追求する。

4. 从自己喜欢或熟悉的日剧或动漫中找出一个初次见面的场景，全班同学共享资源，一起学习更多的表达方式吧。

5. 对照本课的学习目标，完成下列自我检测卡，检测自己的达标情况。

学习目标	例句	达标情况
の〈同位〉		

实力挑战

🎧 将录音里4位同学的自我介绍翻译成汉语。

汉语也要流利哦！

第2課　新生活

自我検測

文法リスト

- ○ N₁はN₂です〈名词谓语句〉
- ○ Sか〈疑問〉
- ○ の〈領属〉
- ○ と〈并列〉
- ○ この、その、あの、どの〈指示〉
- ○ N₁で、N₂です〈句子间中顿〉
- ○ Sね〈確認〉
- ○ の〈同位〉
- ○ 疑問詞

単語帳

ユニット　サラリーマン　センター　コース

中国語　日本語　日本　日本の方　日本語学科　小学校　高校　大学　人　後輩　友達　留学生　教員　知り合い　大学生　学部生　高校生　皆さん　学長　家族　両親　父母　祖父　祖母　お母さん　おばあさん　姉　弟　婚約者　恋人　彼女　一人っ子　会社員　医者　看護師　名前　写真　新生活　会社　仕事　主要　科目　会話　読解　発音　聴解　作文　単語　言葉　語学　紹介　国際　教育　一部　創立　総合大学　文系学部　理系学部　大学院　研究所　学生数　何人　3人　一人　いくつ　17歳　昨日　今　現在　勉強　日々　努力　積み重ね　約　-名　その他　ちょっと　この　その　あの　どの　こちら　どなた

韓国　アメリカ

言語文学部　文学部　教育学部　法学部　経済学部　理学部　医学部　歯学部　薬学部　獣医学部　水産学部　歴史学部　歴史　大学内機関　機関　動物　病院

I. 文字・词汇・语法

1. 写出下列画线部分汉字的正确读音。

(1) 王さんは中国の方です。
(2) 私は大学1年生です。
(3) 李さんは京華大学の学生です。
(4) 高橋さんは高校の後輩です。
(5) 王さんは日本語学科の学生です。
(6) 家族は3人です。
(7) これは姉の写真です。
(8) 父は会社員です。
(9) 弟は18歳です。
(10) 社会学部の学生は275人です。

(1)	(2)
(3)	(4)
(5)	(6)
(7)	(8)
(9)	(10)

2. 将下列画线部分改写成汉字。

(1) 鈴木さんはりゅうがくせいです。
(2) 姉はいしゃです。
(3) 吉田さんはこくさい教育大学の先生です。
(4) 趙さんはいま東西大学の2年生です。
(5) 私はがいこくごがくぶの学生です。
(6) 李さんはなんねんせいですか。
(7) おとうとは小学生です。
(8) 劉さんはだいがくいん生です。
(9) こちらはがくちょうの張先生です。
(10) ことばのべんきょうは日々の努力の積み重ねです。

(1)	(2)
(3)	(4)
(5)	(6)
(7)	(8)
(9)	(10)

3. 从a、b中选出以下数词的正确读音。

(1) 44   a. よんじゅうよん   b. よじゅうし
(2) 八つ   a. やっつ   b. むっつ
(3) 103   a. ひゃくれいさん   b. ひゃくさん
(4) 8歳   a. しちさい   b. はっさい
(5) 1230   a. ぜんにひゃくさんじゅう   b. せんにひゃくさんじゅう

(6) 4人　　a. よにん　　　　　　b. よんにん

(7) 306　　a. さんひゃくろく　　b. さんびゃくろく

(8) 2人　　a. ふたり　　　　　　b. にじん

4. 将相同意思的词语画线连接起来。

(1) ちち　　　　　　　　a. めい

(2) ははのはは　　　　　b. ちちのちち

(3) あにのむすめ　　　　c. おねえさん

(4) おばさんのむすこ　　d. いとこ

(5) ちちのあに　　　　　e. おじさん

(6) あね　　　　　　　　f. かない

(7) そふ　　　　　　　　g. おとうさん

(8) つま　　　　　　　　h. おばあさん

5. 完成下列对话。

（在大学的校园里，木村和山下正在聊天，这时遇到了木村的中国朋友李华）

木村：李さん、おはよう。

李　：①＿＿＿＿＿＿。

木村：あ、こちらは友達の山下さんです。

山下：②＿＿＿＿＿＿。山下颯太です。③＿＿＿＿＿＿。

李　：李華です。どうぞよろしくお願いします。

木村：李さんは日本語学部の3年生です。

山下：④＿＿＿。2年生の張麗さんの先輩ですね。

李　：ええ。あ、山下さんは張さんの知り合いですか。

山下：ええ、友達です。

李　：そうですか。山下さんはどの学部ですか。

山下：中国語学部です。どうぞよろしくお願いします。

李　：⑤＿＿＿＿＿よろしくお願いします。

6. 完成下列对话。

(1) A：王さんは＿＿＿＿＿＿＿＿＿＿＿＿＿＿＿＿＿＿＿＿＿＿＿＿。

　　B：3年生です。

(2) A：＿＿＿＿＿＿＿＿＿＿＿＿＿＿＿＿＿＿＿＿＿＿＿＿＿＿＿＿＿＿。

　　B：はい、2年生です。

(3) A：山下さんのお母さんは＿＿＿＿＿＿＿＿＿＿＿＿＿＿＿＿＿＿＿＿＿。

　　B：あの方です。

(4) A：趙さんと王さんは＿＿＿＿＿＿＿＿＿＿＿＿＿＿＿＿＿＿＿＿＿＿＿。

　　B：いいえ、私たちは韓国人じゃありません。

(5) A：日本語学科の学生は＿＿＿＿＿＿＿＿＿＿＿＿＿＿＿＿＿＿＿＿＿＿。

　　B：いいえ、50人です。

(6) A：日本語学科の学生は＿＿＿＿＿＿＿＿＿＿＿＿＿＿＿＿＿＿＿＿＿＿。

　　B：50人です。

(7) A：＿＿＿＿＿＿＿＿＿＿＿＿＿＿＿＿＿＿＿＿＿＿＿＿＿＿＿＿＿＿。

　　B：そうですか。

(8) A：＿＿＿＿＿＿＿＿＿＿＿＿＿＿＿＿＿＿＿＿＿＿＿＿＿＿＿＿＿＿。

　　B：18歳です。

(9) A：ピエールさんは＿＿＿＿＿＿＿＿＿＿＿＿＿＿＿＿＿＿＿＿＿＿＿＿。

　　B：フランスの方です。

(10) A：＿＿＿＿＿＿＿＿＿＿＿＿＿＿＿＿＿＿＿＿＿＿＿＿＿＿＿＿＿。

　　　B：京華小学校ですか。あちらです。

7. 选择与画线句子意思最相近的句子。

(1) 馬：劉さんは大学の後輩です。

　　a．馬さんは劉さんの先輩です。

　　b．馬さんは劉さんの先生です。

　　c．馬さんは劉さんの学生です。

　　d．馬さんは劉さんの家族です。

(2) 唐：兄は看護師です。

　　a．唐さんのおねえさんは看護師です。

　　b．唐さんのおにいさんは看護師です。

　　c．唐さんのおとうとさんは看護師です。

　　d．唐さんのいもうとさんは看護師です。

第2課　新生活

8. 正确排列a～d的顺序，选择最适合的选项填入 ★ 。

(1) ___ ★ ___ ___。
    a．は b．鈴木さん c．じゃありません d．語学留学生

(2) 王さんは___ ___ ___ ★ 。
    a．日本語学科の b．か c．です d．方

(3) 鈴木さんは高橋さん___ ___ ___ ★ 。
    a．先輩 b．ね c．です d．の

(4) 李さんは ★ ___ ___ ___ですか。
    a．学生 b．大学 c．の d．どの

(5) 高橋さん___ ★ ___ ___ですか。
    a．何人 b．ご家族 c．の d．は

(6) ___ ___ ___ ★ 王さんです。
    a．友達 b．こちら c．の d．は

Ⅱ．听力

1. 听录音，仿照例子记录电话号码。

例 ___6887－6487___

(1) _____ (2) _____

(3) _____ (4) _____

(5) _____

2. 听录音，录音在谈论哪一张照片？仿照例子在照片下面写上序号。

a（　） b（　） c（　） d（　）

3. 听录音，从a～c中选择正确的应答。

(1) _____ (2) _____ (3) _____ (4) _____ (5) _____

Ⅲ. 阅读

1. 阅读下列文章，根据文章内容填空。

先生：私の家族は5人です。母と夫と娘と息子と私です。
　　　夫はサラリーマンです。
　　　娘は20歳で、京華大学の学生です。
　　　息子は10歳で、小学校4年生です。

① A：先生のご家族は（　　　）ですか。
　 B：5人です。
② A：娘さんは（　　　）ですか。
　 B：20歳です。
③ A：息子さんは小学校（　　　）ですか。
　 B：4年生です。

2. 阅读下列文章，根据文章内容填空。

北燕大学紹介

日本人留学生のみなさん、北燕大学へようこそ。北燕大学は1898年創設の総合大学です。現在の学生数は約3万人です。学部は100コース、修士課程は221コース、博士課程は199コースです。学部・大学院の留学生は2395人で、日本人は254名です。留学生の主要国籍は韓国、日本、アメリカです。語学留学生の修学年数は1年で、主要科目は中国語の発音・会話・聴解・作文・語彙の5科目です。

皆さん、どうぞよろしくお願いします。

① 北燕大学は_____創設の大学です。
② 修士課程のコース数は_____です。
③ 日本人の留学生は_____です。
④ 語学留学生の主要科目は_____です。

第3課　キャンパス・スケジュール

 キャンパス

课前学习

1. 推测以下外来词的读音，听录音确认，体会外来词的读音规律。

   (1) campus _____　　(2) schedule _____
   (3) computer _____　(4) counter _____
   (5) toilet _____　　(6) America _____

2. 听录音，给汉字注音，并熟读这些单词。

   (1) 売店 _____　　(2) 辞書 _____
   (3) 図書館 _____　(4) 閲覧室 _____
   (5) 検索 _____　　(6) 何 _____
   (7) 建物 _____　　(8) 立派 _____
   (9) 貸し出し _____　(10) 向こう _____
   (11) お手洗い _____　(12) 友だち _____
   (13) 白い _____　　(14) 大きい _____

3. 看图，体会、推测「これ、それ、あれ、どれ」「ここ、そこ、あそこ、どこ」的意思。

　これ（这个）　　それ（那个）　　あれ（那个）　　どれ（哪个）

　　ここ（这里）　　　そこ（那里）　　　あそこ（那里）　　　どこ（哪里）

4. 仔细观察、体会助词「も」的意义和用法。

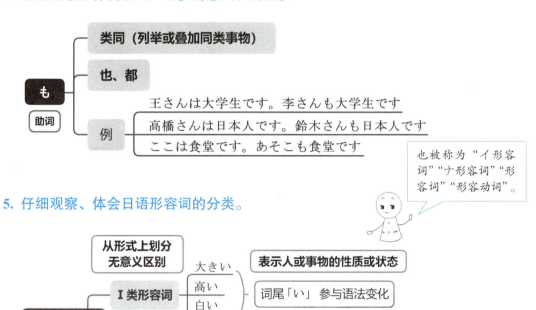

也被称为"イ形容词""ナ形容词""形容词""形容动词"。

5. 仔细观察、体会日语形容词的分类。

6. 仔细观察、体会日语形容词修饰名词的方法。

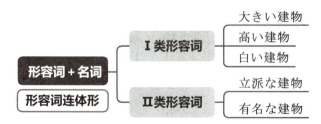

第3課　キャンパス・スケジュール

课后学习

1. 记录今天从其他同学那里学到的表达、观点等。

   _____
   _____
   _____
   _____

2. 请你给新同学介绍一下校园。

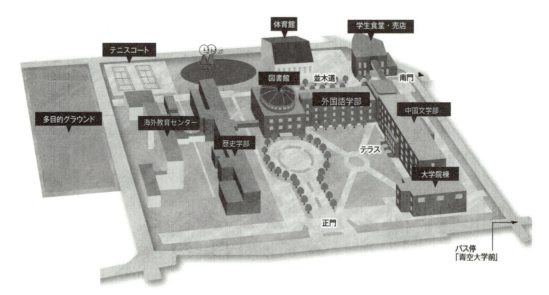

3. 学完第1单元，你能够做以下事情。请完成下列学习项目。

询问地点	
简单说明某物的位置	
用形容词描述物品	

4. 对照本课的学习目标，完成下列自我检测卡，检测自己的达标情况。

学习目标	例句	达标情况
ここ、そこ、あそこ、どこ〈指示〉		
これ、それ、あれ、どれ〈指示〉		
形容词		
形容词的连体形		
も〈类同〉		
それから〈补充〉		

5. 从单词表里找5个你最想使用的形容词。

_____

_____

_____

第3課　キャンパス・スケジュール

　スケジュール

课前学习

1. 学习时间的表达。

（1）～点～分

仔细观察规律、理解并练习时间的说法。

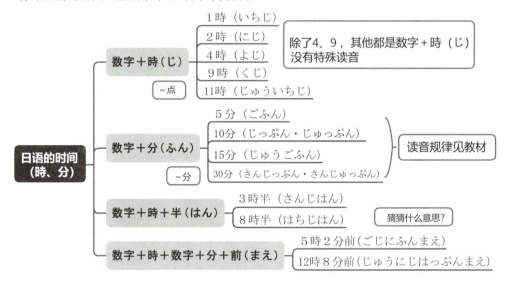

以下时间该如何表达呢?

试一试

(2) ～个小时

仔细观察、推测"～个小时"的表达规律。

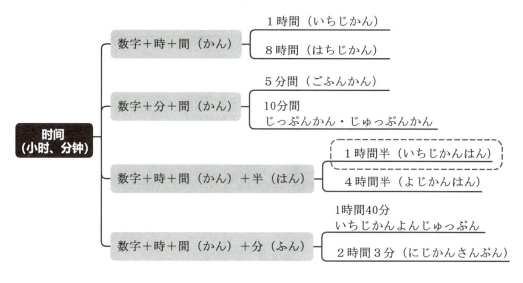

以下时间该如何表达呢？

2个小时 _____　　　3个半小时 _____

2个小时1刻钟_____　　　5个小时45分钟_____

2. 听录音，给汉字注音，并熟读这些单词。

(1) 朝　_____　　　(2) 午後　_____
(3) 夕方　_____　　　(4) 今日　_____
(5) 時間　_____　　　(6) 大体　_____
(7) 授業　_____　　　(8) 自習　_____
(9) 時間割　_____　　　(10) 選択科目　_____
(11) 中国史　_____　　　(12) 大変　_____
(13) 厳しい　_____　　　(14) 月曜日　_____
(15) 火曜日　_____　　　(16) 水曜日　_____
(17) 木曜日　_____　　　(18) 金曜日　_____
(19) 土曜日　_____　　　(20) 日曜日　_____

试一试

3. 仔细观察、体会助词「から」「まで」的意义和用法。

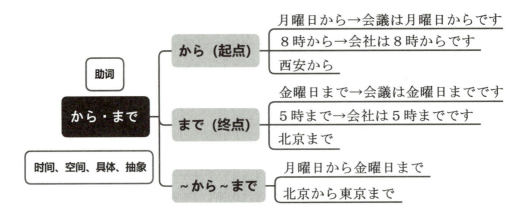

4. 仔细观察、体会连体词「どんな」的意义和用法。

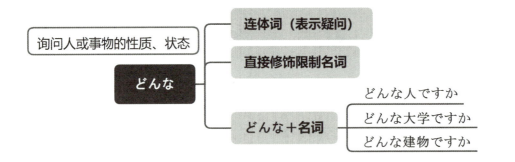

课后学习

1. 记录今天从其他同学那里学到的表达、观点等。

_____
_____
_____
_____

2. 以下是东西大学校内小卖部的介绍，你能从中获得哪些信息呢？

　　教科書、書籍、文具、アイスクリームやお菓子、その他の生活用品全般を取り扱っています。書籍、雑誌は５％引きで、それ以外の各種商品も市場価格よりも安価に揃えています。また、資格学校、教習所、各種旅行等、東西生向けのサービス特典付き商品の紹介も行っています。

営業時間	平日	8:30～18:00（※長期休暇中は休業）
	土曜	8:30～14:00（※長期休暇中は休業）
場所	第2食堂地下1階	

3. 整理一下你从第2单元获得的信息。

中国の大学の授業	
日本の大学の授業	
鈴木さんの授業	
呉先生	

4. 学完第2单元，你能够做以下事情。请完成下列学习项目。

说时间	
说起点	
说终点	
问人或事物的性质、状态	

5. 对照本课的学习目标，完成下列自我检测卡，检测自己的达标情况。

学习目标	例句	达标情况
から〈起点〉		
まで〈终点〉		
N₁からN₂まで〈范围〉		
でも〈转折〉		
Nじゃありませんか〈否定疑问〉		
どんなNですか〈疑问〉		

6. 梳理一下时间的表达吧。

注意：以上表示时间的词在句子中作时间状语时，后面不加「に」。

7. 写5个对你来说重要的时间点，并练习它们的说法。

ユニット 3　サークル情報

课前学习

1. 推测以下外来词的读音，听录音确认。体会外来词的读音规律。

(1) news　_____　　(2) letter　_____

(3) party　_____　　(4) member　_____

(5) circle　_____　　(6) 德・thema　_____

2. 听录音，给汉字注音，并熟读这些单词。

(1) 料理　_____　　(2) 無料　_____

(3) 情報　_____　　(4) 経済　_____

(5) 卒業　_____　　(6) 論文　_____

(7) 交流　_____　　(8) 活動　_____

(9) 研究　_____　　(10) 発表　_____

(11) 場所　_____　　(12) 市場　_____

(13) 専門　_____　　(14) 以下　_____

(15) 会議　_____　　(16) 会員　_____

(17) 会費　_____　　(18) 会館　_____

(19) 集会　_____　　(20) 会長　_____

(21) 副会長　_____　　(22) 遣唐使　_____

(23) 新入生　_____　　(24) 留学生　_____

(25) 発行　_____　　(26) 開催　_____

(27) 全員　_____　　(28) 歓迎　_____

(29) 株式　_____　　(30) 日時　_____

(31) 自己紹介　_____　　(32) 活動日　_____

(33) お知らせ　_____

第 3 課　キャンパス・スケジュール

3. 学习"月"的说法。

规律：数字 ＋ 月（がつ）

一月　いちがつ　　　二月　_____　　　三月　_____
四月　しがつ　　　　五月　_____　　　六月　_____
七月　_____　　　八月　_____　　　九月　くがつ
十月　_____　　　十一月 _____　　 十二月 _____
何月　_____

4. 学习"日"的说法。

听录音，写下日期的读音，反复读！

1—10日为特殊读音，11日以后除「十四日、二十日、二十四日」外，均为"数字＋日（にち）"。

一日 _____　　　　二日 _____　　　　三日 _____
四日 _____　　　　五日 _____　　　　六日 _____
七日 _____　　　　八日 _____　　　　九日 _____
十日 _____　　　　十一日 _____　　 十二日 _____
十四日 _____　　　二十日 _____　　 二十一日 _____
二十三日 _____　　二十四日 _____　　二十八日 _____
二十九日 _____　　三十日 _____　　　三十一日 _____
何日 _____

5. 学习说一说与自己有关的日期。

自己的生日 _____

自己最重要的人的生日 _____

开始学日语的日期 _____

_____

_____

6. 仔细观察、体会助词「～や～など」的意义和用法。

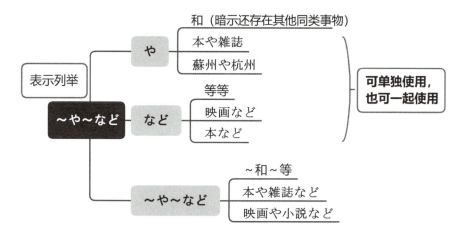

课后学习

1. 记录今天从其他同学那里学到的表达、观点等。

2. 学完第3单元，你能够做以下事情。请完成下列学习项目。

表示欢迎	
介绍自己的专业	

3. 回顾一下到目前为止学习的助词吧。

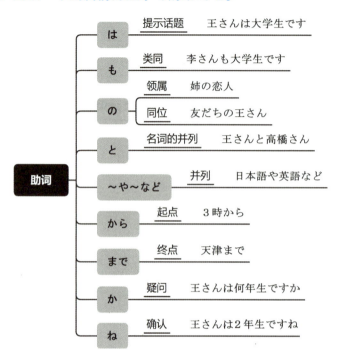

4. 将你知道的形容词写下来。再写几个新学的形容词。

学过的
Ⅰ类形容词_____
Ⅱ类形容词_____

新学的
Ⅰ类形容词_____
Ⅱ类形容词_____

5. 对照本课的学习目标，完成下列自我检测卡，检测自己的达标情况。

学习目标	例句	达标情况
N₁やN₂など〈并列〉		

实力挑战

🎧 将录音的内容翻译成汉语。并做影子跟读练习。

自我検测

文法リスト

- ここ、そこ、あそこ、どこ〈指示 (処所)〉
- これ、それ、あれ、どれ〈指示 (事物)〉
- から〈起点〉
- まで〈附着点、到达点〉
- N_1からN_2まで〈范围〉
- も〈类同〉
- N_1やN_2など〈并列〉
- でも〈转折〉
- 形容詞
- 形容詞的連体形
- それから〈补充〉
- Nじゃありませんか〈否定疑问〉
- どんなNですか〈疑问〉

単語帳

キャンパス　スケジュール　パーティー　テーマ　コンピューター　メンバー
ニュース　サークル　トイレ　カウンター　レター　コマ
曜日　月曜日　火曜日　水曜日　木曜日　金曜日　土曜日　日曜日　何曜日　今日
朝　午後　夕方　建物　図書館　売店　閲覧室　お手洗い　向こう　場所　会館
小会議室　大集会室
先生　授業　自習　教科書　雑誌　検索　貸し出し　新入生　歓迎　留学生会　研究
発表会　会長　副会長　情報　発行　交流　開催　専門　中国経済　卒業　論文
株式　市場　知らせ　会員　会費　元　無料　料理　ギョーザ　おすし　遣唐使
10月号
一コマ　時間　半　1時間目　何時　-時　時間割　日時　時間割　選択科目　活動日
これ　どれ　あれ　どれ　ここ　そこ　あそこ　どこ　何　どんな
白い　大きい　立派　大変　厳しい　だいたい　それから　とても　あとで

コンビニ　デパート　ホテル
銀行　駅　学校　喫茶店　食堂　郵便局　部屋　本　問題　歌手　映画　芸術史　勉
強会　説明会　夜　休み　診療時間　修士
古い　高い　明るい　難しい　複雑　有名

47

第3課　キャンパス・スケジュール

I. 文字・词汇・语法

1. 写出下列画线部分汉字的正确读音。

(1) すみません、<u>銀行</u>はどこですか。
(2) ２階の教室は<u>明</u>るいです。
(3) それは鈴木さんの<u>辞書</u>です。
(4) 呉先生は<u>厳</u>しい先生です。
(5) <u>図書館</u>はあそこです。
(6) あの白い<u>建物</u>は食堂です。
(7) 授業は一コマ<u>50分</u>です。
(8) <u>中国史</u>の授業は２時からです。
(9) <u>新入生</u>歓迎会は明日です。
(10) 私の<u>専攻</u>は日本史です。

(1)	(2)
(3)	(4)
(5)	(6)
(7)	(8)
(9)	(10)

2. 将下列画线部分改写成汉字。

(1) <u>ばいてん</u>は地下１階です。
(2) <u>ごご</u>の１時間目は日本史です。
(3) ここは<u>えつらん</u>室です。
(4) あの赤いビルは<u>えき</u>です。
(5) 中国語の発音は<u>むずか</u>しいです。
(6) <u>ばしょ</u>は留学生会館の２階です。
(7) あの<u>しろ</u>い建物は郵便局です。
(8) 李さんの専攻は中国<u>けいざい</u>です。
(9) 会議は<u>よじ</u>30分からです。
(10) <u>もくようび</u>の午後は自習です。

(1)	(2)
(3)	(4)
(5)	(6)
(7)	(8)
(9)	(10)

3. 写出下列外来词。

(1) counter ＿＿＿＿＿＿＿＿＿　　(2) party ＿＿＿＿＿＿＿＿＿
(3) member ＿＿＿＿＿＿＿＿＿　　(4) schedule ＿＿＿＿＿＿＿＿＿
(5) hotel ＿＿＿＿＿＿＿＿＿　　(6) letter ＿＿＿＿＿＿＿＿＿
(7) news ＿＿＿＿＿＿＿＿＿　　(8) circle ＿＿＿＿＿＿＿＿＿

4. 将下列日本节日的日期用平假名写在＿＿上。

例：勤労感謝日（11月23日）　　じゅういちがつにじゅうさんにち
(1) 正　月（1月1日）　　　　＿＿＿＿＿＿＿＿＿＿＿＿＿＿＿
(2) 情人节（2月14日）　　　　＿＿＿＿＿＿＿＿＿＿＿＿＿＿＿
(3) 女儿节（3月3日）　　　　＿＿＿＿＿＿＿＿＿＿＿＿＿＿＿
(4) 昭和日（4月29日）　　　　＿＿＿＿＿＿＿＿＿＿＿＿＿＿＿
(5) 儿童节（5月5日）　　　　＿＿＿＿＿＿＿＿＿＿＿＿＿＿＿
(6) 七　夕（7月7日）　　　　＿＿＿＿＿＿＿＿＿＿＿＿＿＿＿
(7) 文化节（11月3日）　　　　＿＿＿＿＿＿＿＿＿＿＿＿＿＿＿

5. 从a、b中选出以下单词的正确读音。

(1) 4時4分　　　a. よじよふん　　　b. よじよんぷん
(2) 6時6分　　　a. ろくじろっぷん　　b. ろくじろっふん
(3) 7時8分　　　a. ななじはちふん　　b. しちじはっぷん
(4) 9時9分　　　a. くじくふん　　　b. くじきゅうふん
(5) 10時10分　　a. じゅうじじっぷん　b. じゅうじじっぷん
(6) 1階　　　　a. いっかい　　　　b. いちかい
(7) 6階　　　　a. ろっかい　　　　b. ろくかい
(8) 100階　　　a. ひゃくかい　　　b. ひゃっかい

6. 从a～e中选出恰当的选项填在＿＿＿上。

a. メンバー　　b. キャンパス　　c. レストラン　　d. テーマ　　e. サークル

(1) すみません、フランス料理の＿＿＿はどこですか。
(2) 留学生会の＿＿＿はみんな外国人です。
(3) 午後の会議の＿＿＿は何ですか。
(4) 金曜日の午後は＿＿＿活動の時間です。
(5) 東西大学の＿＿＿は3つです。

7. 在下列（ ）里填入适当的助词。每个（ ）填一个假名。

(1) 木曜日の午後3時（ ）（ ）5時（ ）（ ）（ ）歴史の時間です。
(2) 月曜日の1時間目（ ）自習時間です。水曜日の1時間目（ ）自習時間です。
(3) 日本語の小説（ ）教科書（ ）（ ）（ ）あそこです。

(4) 中国（　）人口問題は難しい問題です（　）。
(5) この飛行機は東京（　）（　）2時間ですか、近いですね。

8. 从a～d中选择正确答案。

(1) 鈴木さんは_____人です。
　　a．おもしろい　　b．おもしろいな　　c．おもしろいの　　d．おもしろ

(2) _____辞書は高橋さんのです。
　　a．この　　　　b．これ　　　　c．どの　　　　d．どれ

(3) _____は私の家族の写真です。
　　a．この　　　　b．これ　　　　c．どれ　　　　d．どの

(4) A：北京飯店は_____ホテルですか。
　　B：立派なホテルです。
　　a．どの　　　　b．どれ　　　　c．どれの　　　d．どんな

(5) A：あの子は_____ですか。
　　B：孔さんの彼女です。
　　a．なん　　　　b．どれ　　　　c．だれ　　　　d．どの人

(6) サークルの活動日は月曜日、火曜日、_____金曜日です。
　　a．では　　　　b．じゃ　　　　c．それでは　　d．それから

(7) A：日本の大学の授業は朝_____ですか。
　　B：9時です。
　　a．何時に　　　b．何時から　　c．何時まで　　d．何曜日

(8) それは_____仕事です。
　　a．たいへん　　b．たいへんな　　c．たいへんの　　d．たいへんだ

9. 正确排列a～d的顺序，选择最适合的选项填入__★__。

(1) 図書館は__★__ ____ ____ ____。
　　a．です　　　　b．建物　　　　c．あの　　　　d．白い

(2) 午後の授業は____ ____ __★__ ____。
　　a．です　　　　b．5時50分　　c．だいたい　　d．まで

(3) ____ ____ ____ __★__ですか。
　　a．は　　　　　b．郵便局　　　c．何時　　　　d．から

(4) ___ ___ ★ ___ ___ か。

  a．月曜日 b．は c．今日 d．じゃありません

(5) ___ ___ ★ ___ ですか。

  a．は b．王さん c．人 d．どんな

10. 日语汉字学习——这些日语汉字应该怎么读?

(1)（総合 集会） 集合 _____

(2)（会費 検索用） 費用 _____

(3)（学生 自習） 学習 _____

(4)（教室 授業） 教授 _____

(5)（無料 心理学） 無理 _____

(6)（全員 体育） 全体 _____

(7)（新入生 大学院） 入院 _____

(8)（日本 株式） 日本式 _____

(9)（精読 図書館） 読書 _____

(10)（大学 新入生） 入学 _____

Ⅱ．听力

1. 听录音，仿照例子选择正确答案。

例 ⓐ．黒い建物 b．白い建物 c．赤い建物

(1) a．大学病院 b．ホテル c．郵便局

(2) a．小さい建物 b．赤い建物 c．白い建物

(3) a．黒い建物 b．白い建物 c．低い建物

(4) a．面白い b．難しい c．厳しい

(5) a．1日 b．2日 c．3日

2. 听录音，在所谈论的图片下的（ ）里填入相应的时间。

a．(　　　　) b．例（　　～10時半） c．(　　　　)

第3課　キャンパス・スケジュール

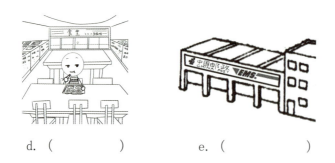

d. (　　　)　　　e. (　　　)

🎧 3. 听录音，从a～c中选择正确的应答。

(1) _____　(2) _____　(3) _____　(4) _____　(5) _____

大胆推测哦

Ⅲ. 阅读

阅读下列文章，根据文章内容完成下表。

日本語サークルの紹介

日本人留学生の皆さん、こんにちは。

私たちは京華大学日本語サークルです。サークルのメンバーは、中国人学生が30人で、日本人学生が5人です。活動日は水曜日と金曜日で、時間は午後5時から7時までです。主要活動は日本語の勉強や交流パーティーの開催などです。活動の場所は留学生会館2階の大会議室です。新入生の会費は無料です。

どうぞ、よろしくお願いします。

映画サークルの紹介

こんにちは。

私たちは北燕大学映画サークルです。私たちは小さいサークルで、会員数は10人です。会員の国籍は中国、日本、アメリカです。活動日は金曜日の午後7時から9時までです。活動場所は図書館の小集会室です。主な活動はおもしろい映画（中国・日本・アメリカなどの映画）の紹介です。

新入生大歓迎！よろしくお願いします。

サークル名	会員数	会員の国籍	活動日	活動時間	主要活動
日本語サークル					
映画サークル					

第4課　日本語の勉強

日本語学習

课前学习

1. 听录音，反复朗读以下形容词。

(1) 主要（しゅよう）⓪
(2) 立派（りっぱ）⓪
(3) 有名（ゆうめい）⓪
(4) 簡単（かんたん）⓪
(5) 静か（しずか）①
(6) 大丈夫（だいじょうぶ）③
(7) 白い（しろい）②
(8) 大きい（おおきい）③
(9) 高い（たかい）②
(10) 速い（はやい）②
(11) 寒い（さむい）②
(12) いい①

2. 仔细观察、体会形容词否定形式的规则。

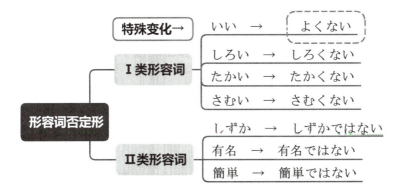

3. 使用练习1的形容词练习形容词否定形的变化。

第4課　日本語の勉強

4. 听录音，给汉字注音，并熟读这些单词。

(1) 漢字 _____　　(2) 助詞 _____
(3) 試験 _____　　(4) 学習 _____
(5) 平仮名_____　　(6) 片仮名 _____
(7) 簡単 _____　　(8) 大丈夫 _____
(9) 速い _____　　(10) 易しい_____
(11) 少し _____

5. 仔细观察、体会日语的语体的意义、特征及使用对象、使用场合。

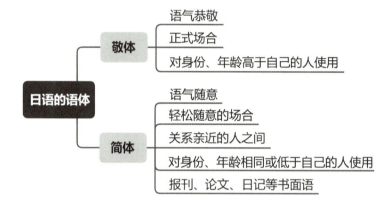

6. 仔细观察形容词敬体非过去时的形式。

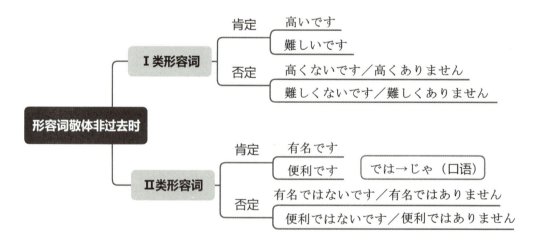

7. 本单元学习两个表示程度不高的句型，观察、体会它们的用法。

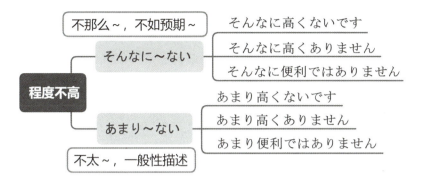

8. 仔细观察、体会表示主体的助词「が」的用法。

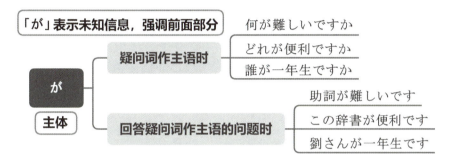

9. 这是一份关于学校食堂的调查表，在你的选项上画○。

食堂	広い	広くない	普通
	明るい	明るくない	普通
	きれい	きれいではない	普通
味	おいしい	おいしくない	普通
料理の種類	多い	多くない	普通
値段	高い	高くない	普通

第4課　日本語の勉強

课后学习

1. 记录今天从其他同学那里学到的表达、观点等。

_____
_____
_____
_____

2. 学完第1单元，你能够做以下事情。请完成下列学习项目。

询问对方的看法	
描述人或事物的性质状态	

3. 对照本课的学习目标，完成下列自我检测卡，检测自己的达标情况。

学习目标	例句	达标情况
形容词谓语句		
形容词的敬体非过去时		
敬体与简体		
が＜主体（主语、疑问）＞		
Nはどうですか（1）（询问看法）		
そんなにA₁くないです／A₁₁ではありません＜程度不高＞		
あまりA₁くないです／A₁₁ではありません＜程度不高＞		

4. 用单词表中的形容词练习形容词否定形式的变化。

ユニット2 相互学習

课前学习

🎧 1. 查字典学习下列形容词，都是基础词汇哦。

高い（たかい）②　　　安い（やすい）②
新しい（あたらしい）④　　古い（ふるい）②
暑い（あつい）②　　　寒い（さむい）②
おいしい ⓪③　　　まずい②
大きい（おおきい）③　　小さい（ちいさい）③
広い（ひろい）②　　　狭い（せまい）②
おもしろい〖面白い〗④　つまらない③
明るい（あかるい）⓪　　暗い（くらい）⓪
やさしい〖優しい〗⓪　　厳しい（きびしい）③
やさしい〖易しい〗⓪　　難しい（むずかしい）⓪④
白い（しろい）②　　　黒い（くろい）②
遠い（とおい）⓪　　　近い（ちかい）②
多い（おおい）①②　　少ない（すくない）③
楽しい（たのしい）③　　かわいい〖可愛い〗③
簡単（かんたん）⓪　　複雑（ふくざつ）⓪
主要（しゅよう）⓪　　親切（しんせつ）①
立派（りっぱ）⓪　　　大変（たいへん）⓪
便利（べんり）①　　　不便（ふべん）①
有名（ゆうめい）⓪　　大丈夫（だいじょうぶ）③

2. 仔细观察、体会形容词过去时的变化规则。

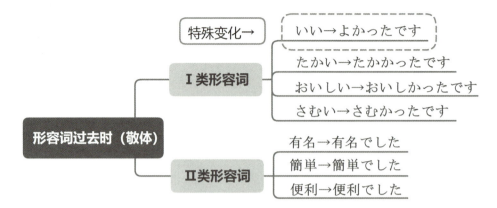

3. 使用练习1的形容词练习形容词过去时的变化。

4. 仔细观察以下例句，你能发现它们在语法上有什么规律吗？

(1) 象は鼻が長いです。
(2) 姉は手がきれいです。
(3) 李さんは足が速いです。
(4) 日本語は文法が難しいです。
(5) 中国は人口が多いです。
(6) 東京は物価が高いです。
(7) 大阪は食べ物がおいしいです。

这些例句共同的形式是＿＿＿＿＿＿＿＿＿＿＿＿＿＿＿＿＿＿＿＿＿＿＿＿＿

每句话中前后两个名词之间意义上的关系是＿＿＿＿＿＿＿＿＿＿＿＿＿＿＿＿

5. 仔细观察、体会以下助词的意义和用法。

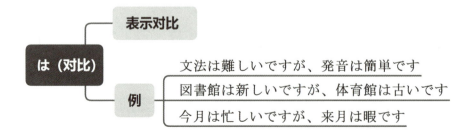

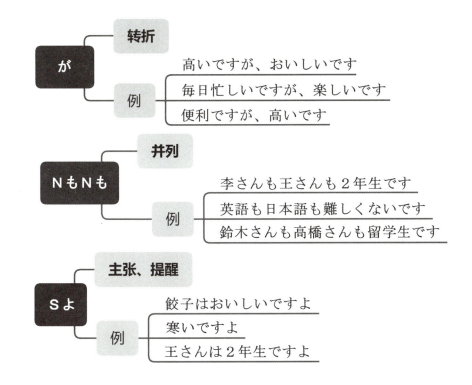

6. 仔细观察、体会「同じ（おなじ）」的用法。

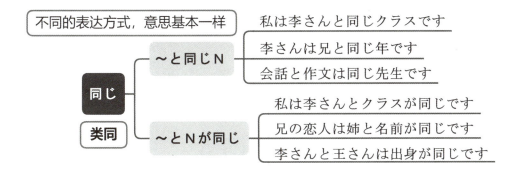

🎧 7. 听录音，给下列汉字注音，并熟读这些单词。

(1) 学習 ＿＿＿＿＿＿　　　(2) 宿題 ＿＿＿＿＿＿
(3) 翻訳 ＿＿＿＿＿＿　　　(4) 相手 ＿＿＿＿＿＿
(5) 相互 ＿＿＿＿＿＿　　　(6) 交換 ＿＿＿＿＿＿
(7) 男性 ＿＿＿＿＿＿　　　(8) 女性 ＿＿＿＿＿＿
(9) 時 ＿＿＿＿＿＿　　　(10) 本当に ＿＿＿＿＿＿
(11) 上手 ＿＿＿＿＿＿　　　(12) 下手 ＿＿＿＿＿＿
(13) 同じ ＿＿＿＿＿＿

第4課　日本語の勉強

课后学习

1. 记录今天从其他同学那里学到的表达、观点等。

_____
_____
_____
_____

2. 学完第2单元，你能够做以下事情。请完成下列学习项目。

夸奖对方……很棒	
受到夸奖时表示谦虚	
表示建议	
对对方的建议表示赞同	
表示比较强烈的请求	
用形容词描述过去的状态	

3. 对照本课的学习目标，完成下列自我检测卡，检测自己的达标情况。

学习目标	例句	达标情况
Nはどうでしたか〈询问过去的情况〉		
形容词的敬体过去时		
N₁はN₂でした〈名词谓语句的过去时〉		
N₁はN₂がAです〈主谓谓语句〉		
は〈对比〉		
が〈转折〉		
N₁もN₂も〈并列〉		
Sよ〈主张、提示〉		
Nのとき〈状态的时间〉		
その〈指示〉		
Nと同じ〈类同〉		
Nはどうですか(2)〈建议〉		

高橋さんの日記

课前学习

1. 听录音，给汉字注音，并熟读这些单词。

(1) 日記　　＿＿＿＿＿　　　(2) 留学　　＿＿＿＿＿

(3) 宿題　　＿＿＿＿＿　　　(4) 担任　　＿＿＿＿＿

(5) 注意　　＿＿＿＿＿　　　(6) 必要　　＿＿＿＿＿

(7) 最初　　＿＿＿＿＿　　　(8) 週間　　＿＿＿＿＿

(9) 教科書　＿＿＿＿＿　　　(10) 手続き　＿＿＿＿＿

(11) 買い物　＿＿＿＿＿　　　(12) 履修登録　＿＿＿＿＿

(13) 引越し　＿＿＿＿＿　　　(14) 特に　　＿＿＿＿＿

(15) 忙しい　＿＿＿＿＿　　　(16) 残念　　＿＿＿＿＿

2. 仔细观察、体会形容词第二连用形的规则。

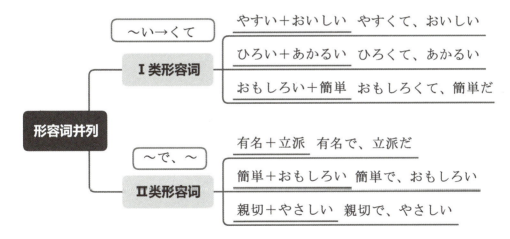

3. 仔细观察、体会与我们学过的敬体相对应的简体形式。

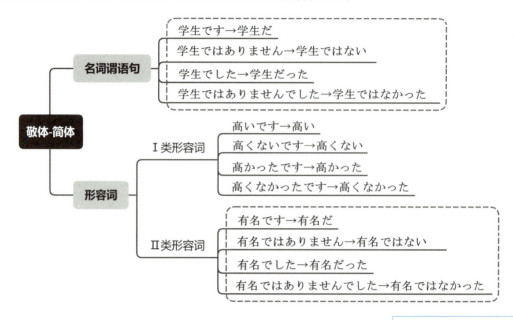

课后学习

1. 记录今天从其他同学那里学到的表达、观点等。

发现了吗，名词谓语句和Ⅱ类形容词谓语句的形式基本是一样的哦。

2. 学完第3单元，你能够做以下事情。请完成下列学习项目。

表示欢迎	
描述自己的专业	

3. 对照本课的学习目标，完成下列自我检测卡，检测自己的达标情况。

学习目标	例句	达标情况
形容词的简体非过去时、过去时		
名词谓语句的简体形式		
形容词的第二连用形（A_Iくて／A_{II}で）		
だから／ですから〈因果关系〉		

实力挑战

听录音，回答录音中的问题。

第4課　日本語の勉強

自我检测

文法リスト

- 形容词谓语句
- 形容词的敬体过去时
- 形容词的简体非过去时、过去时
- 名词谓语句的简体形式
- N_1はN_2がAです〈主谓谓语句〉
- Nはどうでしたか〈询问过去的情况〉
- Nのとき〈状态的时间〉
- が〈主体(主语、疑问)〉
- は〈対比〉
- Sよ〈主张、提示〉
- だから／ですから〈因果关系〉
- そんなにA_Iくないです／A_{II}ではありません〈程度不高〉
- あまりA_Iくないです／A_{II}ではありません〈程度不高〉
- 敬体与简体
- 形容词的敬体非过去时
- 形容词的第二连用形（A_Iくて／A_{II}で）
- N_1はN_2でした〈名词谓语句的过去时〉
- Nはどうですか（1）〈询问看法〉
- Nはどうですか（2）〈建议〉
- Nと同じ〈类同〉
- が〈転折〉
- N_1もN_2も〈并列〉
- その〈指示〉

単語帳

アクセント　パートナー　イケメン
平仮名　片仮名　漢字　助詞　日記　試験　聞き取り　人たち　留学　明日　最初
学習　留学　録音　相互学習　日本史　翻訳　宿題　相手　男性　交換　手続き
買い物　引越し　履修登録　注意　必要　担任　何　どう　とき　1年間　-週間
先週　やさしい　忙しい　速い　よい　本当に　上手　下手　簡単　まだまだ　とっても
あまり　少し　大丈夫　そんなに　いろいろ　特に　残念　みんな　ぜひ　同じ

バス　ゲーム　タイトル　クラス　コーヒー　レストラン
優しい　楽しい　かわいい　おいしい　多い　少ない　遠い　近い　おもしろい
つまらない　暑い　寒い　広い　狭い　新しい　安い　うるさい　まずい　暗い　汚い
小さい　かっこいい　悪い　長い　便利　不便　静か　親切　元気　きれい　にぎやか
けっこう
家　窓　髪　絵　町　子ども　教室　英語　体育館　カギ　かばん　前　誰　寮
作家　故郷　考え　国語

I. 文字・词汇・语法

1. 写出下列画线部分汉字的正确读音。

(1) 今週は<u>忙</u>しいです。
(2) 大学の<u>生活</u>はどうですか。
(3) この部屋は<u>暗</u>いですね。
(4) <u>先週</u>の試験はどうでしたか。
(5) <u>平仮名</u>は簡単です。
(6) 図書館はとても<u>静</u>かです。
(7) 日本語の<u>授業</u>は何時からですか。
(8) 大学のキャンパスは<u>広</u>いですね。
(9) 北京の冬はとても<u>寒</u>いです。
(10) 日本<u>料理</u>はおいしいです。

(1)	(2)
(3)	(4)
(5)	(6)
(7)	(8)
(9)	(10)

2. 将下列画线部分改写成汉字。

(1) 今日は<u>あつ</u>いですね。
(2) 試験はとても<u>むずかし</u>かったです。
(3) 日本語の<u>かんじ</u>はやさしいです。
(4) 劉さんはとても<u>しんせつ</u>です。
(5) <u>こうかん</u>留学の手続きは大変です。
(6) 李さんは<u>りゅうがくせい</u>です。
(7) あの本はちょっと<u>ふる</u>いです。
(8) 日本語の<u>べんきょう</u>は楽しいです。
(9) 大学はちょっと<u>とお</u>いです。
(10) 明日は<u>きんようび</u>ですね。

(1)	(2)
(3)	(4)
(5)	(6)
(7)	(8)
(9)	(10)

3. 选择下列画线部分汉字的正确读音。

(1) 『アンネの<u>日記</u>』はたいへんいい本です。
  a．にき b．にんき c．にっき d．にいき
(2) 日本語は<u>助詞</u>が多いです。
  a．じょうし b．じょっし c．じょし d．じゅし

(3) 村上春樹はとても①有名な②作家です。

① a．ようめい　　b．ゆうめい　　c．よめい　　d．ゆめい

② a．さっか　　　b．さか　　　　c．さいか　　d．さくか

4．写出下列词语的反义词。

(1) 暗い　⇔　　　　　　　　　(2) 多い　　⇔
(3) 白い　⇔　　　　　　　　　(4) 大きい　⇔
(5) いい　⇔　　　　　　　　　(6) 簡単だ　⇔
(7) 古い　⇔　　　　　　　　　(8) きれいだ　⇔
(9) 広い　⇔　　　　　　　　　(10) 下手だ　⇔

5．在下列（　）里填入适当的助词。每个（　）填一个假名。

(1) このレストラン（　）料理（　）おいしい。
(2) 昨日（　）寒くなかった（　）、今日（　）寒いです。
(3) 中学校のとき、三保さんは木村さん（　）同じクラスでした。
(4) この靴は安かったです（　）。30元でした。
(5) その映画は音楽（　）ストーリー（　）すばらしいです。
(6) A：日本語は何（　）むずかしいですか。
　　B：助詞（　）むずかしいです。

6．从a～d中选择正确答案填空。

(1) A：李さん、これは＿＿＿ですか。
　　B：きれいですね。
　　a．どう　　　b．どの　　　c．どこ　　　d．どんな
(2) 今日の宿題は＿＿＿多い。
　　a．そんなに　b．とても　　c．あまり　　d．ぜひ
(3) この部屋は＿＿＿古いですが、安いです。
　　a．だいたい　b．すこし　　c．あまり　　d．まだ
(4) 王さんは日本語が上手です。＿＿＿発音がいいです。
　　a．とくに　　b．あまり　　c．いろいろ　d．ぜひ
(5) 大学は＿＿＿遠くないです。
　　a．たいへん　b．とっても　c．ぜひ　　　d．そんなに

7. 将（ ）中的形容词改换为适当的形式填在_____上。

(1) そのレストランは_____、広い。（きれい）

(2) 子どものときの生活は_____。（楽しい）

(3) 昨日の日本史の試験はあまり_____。（簡単）

(4) 私の家は学校に_____、便利です。（近い）

(5) 先週、仕事は_____。（たいへん）

(6) その_____ペンケースは王さんのです。（赤い）

(7) 私は日本語が_____ない。（上手）

(8) 高校のとき、勉強はあまり_____。（忙しい）

(9) この本は_____ありません。（安い）

(10) 王府井はとても_____商店街です。（にぎやか）

8. 改错。

(1) 私の買い物は下手です。

(2) 昨日の午後はサークルの時間です。

(3) 先週の天気はとてもいいでした。

(4) A：昨日の試験はどうでしたか。
　　B：ちょっとむずかしくなかったです。

(5) A：どれが李さんのですか。
　　B：これは私のです。

(6) A：林さん、かわいいカバンですね。
　　B：いいえ、まだまだです。

第4課　日本語の勉強

9. 选择与画线句子意思最相近的句子。

(1) <u>会費はそんなに高くないです。</u>
　　a．会費は高いです。
　　b．会費は安くないです。
　　c．会費はとても高いです。
　　d．会費はあまり高くないです。

(2) <u>寮の部屋はすこし狭いです。</u>
　　a．寮の部屋はちょっと広いです。
　　b．寮の部屋はたいへん狭いです。
　　c．寮の部屋はあまり狭くないです。
　　d．寮の部屋はあまり広くないです。

(3) <u>李さんは私と同じクラスです。</u>
　　a．李さんも私も1年生です。
　　b．李さんは1クラスですが、私は2クラスです。
　　c．李さんと私は同じクラスの学生です。
　　d．李さんと私は同じクラスの学生ではありません。

(4) <u>王さんも趙さんも一人っ子です。</u>
　　a．王さんは一人っ子ではありませんが、趙さんは一人っ子です。
　　b．王さんは一人っ子ではありません。趙さんも一人っ子ではありません。
　　c．王さんは一人っ子です。趙さんも一人っ子です。
　　d．王さんは一人っ子ですが、趙さんは一人っ子ではありません。

10. 正确排列a～d的顺序，选择最适合的选项填入 <u>★</u> 。

(1) この部屋＿＿＿　＿＿＿　★　＿＿＿です。
　　a．小さい　　　b．窓　　　　c．は　　　　d．が

(2) 高校のとき、＿＿＿　★　＿＿＿　＿＿＿。
　　a．たいへん　　b．が　　　　c．勉強　　　d．でした

(3) 大学の生活＿＿＿　＿＿＿　★　、楽しいです。
　　a．が　　　　　b．です　　　c．は　　　　d．たいへん

(4) 劉先生は　★　＿＿＿　＿＿＿　＿＿＿。
　　a．です　　　　b．厳しく　　c．あまり　　d．ない

(5) 日本と中国の＿＿＿　＿＿＿　★　＿＿＿。
　　a．ではない　　b．漢字　　　c．同じ　　　d．は

11. 日语汉字学习——这些日语汉字应该怎么读？

(1) （日記　登録）　　記録　_____
(2) （残念　授業）　　残業　_____
(3) （留学　注意）　　留意　_____
(4) （公園　開催）　　公開　_____
(5) （有名　日本人）　名人　_____
(6) （質問　宿題）　　問題　_____

Ⅱ．听力

1. 听录音，完成下表。

(1) 高橋さんのかばん	
(2) 高橋さんの部屋	
(3) 田中さんのかばん	
(4) 田中さんの部屋	

2. 听录音，仿照例子选择正确答案。

例　__d__
(1) _____　(2) _____　(3) _____　(4) _____

3. 听录音，从a～c中选择正确的应答。

(1) _____　(2) _____　(3) _____　(4) _____　(5) _____

Ⅲ．阅读

阅读下列文章，根据文章内容判断正误。正确的画○，错误的画×。

　　昨日の映画はよかった。ストーリーはつまらなかったが、主演はとてもイケメンだった。日本の映画だが、主演は中国人だった。残念ながらその俳優は、今はあまり有名ではない。でも、日本語も中国語もとても上手で、声もきれい。インタビューも、とてもおもしろかった。

第4課　日本語の勉強

(1) （　）映画のストーリーはおもしろくなかった。
(2) （　）主演は日本人ではなかった。
(3) （　）主演は日本語が下手だった。
(4) （　）主演はイケメンだ。

文法のまとめ（第1―4課）

助詞

助詞	意味	例文
は	话题	王さんは大学生です。
	对比	「日本史」は難しくなかったですが、「翻訳」は大変でした。
か	疑问	王さんは大学生ですか。
の	领属	鈴木さんは京華大学の留学生です。
	同位	こちらは友達の張さんです。
も	类同	王さんは2年生です。李さんも2年生です。
N_1もN_2も	并列	王さんも李さんも2年生です。
と	并列	高橋さんと鈴木さんは留学生です。
Nと同じ	类同	李さんは私と同じクラスです。 （李さんは私とクラスが同じです）
が	主体	A：どれが難しいですか。 B：助詞が難しい。
	转折	勉強は大変ですが、楽しいです。
から	起点	図書館は朝8時からです。
まで	终点	図書館は夜10時までです。
N_1やN_2など	并列	ひらがなやカタカナなどは簡単です。
ね	确认	寒いですね。
よ	主张、提示	寒いですよ。

疑问词

疑问词	例句
何	これは何の本ですか。
どれ	日本語の教科書はどれですか。
どの	李さんはどの人ですか。
どこ	食堂はどこですか。
どう	日本語の勉強はどうですか。
どんな	呉先生はどんな先生ですか。

文法のまとめ（第1—4課）

续表

疑問詞	例句
何時	授業は何時からですか。
いくつ	弟さんはおいくつですか。
何人	ご家族は何人ですか。

其他

句式	例句
N_1はN_2です	王さんは大学生です。
N_1はN_2ですか	王さんは何年生ですか。
N_1はN_2ではありません	王さんは会社員ではありません。
N_1はN_2で、N_3です	李さんは経済学部の学生で、わたしの友達です。
Nじゃありませんか	これは鈴木さんの教科書じゃありませんか。
N_1はN_2がAです	日本語はアクセントが難しいです。
そんなに～ない	日本語はそんなに難しくないです。
あまり～ない	日本語はあまり難しくないです。
Nはどうですか	（询问看法）日本語の発音はどうですか。
	（建议）コーヒーはどうですか。
Nはどうでしたか	（询问过去的情况）夏休みはどうでしたか。

形容詞

	形容詞Ⅰ	形容詞Ⅱ
定义	有参与变化的词尾「い」	无参与变化的词尾「い」
词例	高い	有名
修饰名词	高いビル	有名な大学
作谓语	～は高いです	～は有名です
否定（敬体）	高くないです 高くありません	有名ではありません
过去（敬体）	高かったです	有名でした
中顿	高くて、A	有名で、A

文法のまとめ（第1—4課）

简体与敬体

敬体	简体
学生です	学生だ
学生ではありません	学生ではない
学生でした	学生だった
学生ではありませんでした	学生ではなかった
高いです	高い
高くないです	高くない
高かったです	高かった
高くなかったです	高くなかった
有名です	有名だ
有名ではありません	有名ではない
有名でした	有名だった
有名ではありませんでした	有名ではなかった

指示词

この、その、あの、どの
これ、それ、あれ、どれ
ここ、そこ、あそこ、どこ

连词

それから〈补充〉
でも〈转折〉
だから〈因果关系〉

第5課　高橋さんの留学生活

 スマートフォン

课前学习

1. 以下是一些日语的动词，仔细观察它们有什么共同点。

会う　行く　探す　待つ　死ぬ　呼ぶ　読む　終わる　見る　食べる

2. 仔细观察、体会日语动词形式上的分类方法。

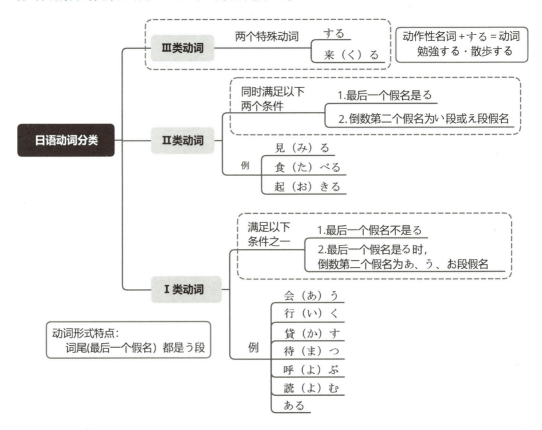

3. 仔细观察、体会动词ます形的变化规则。

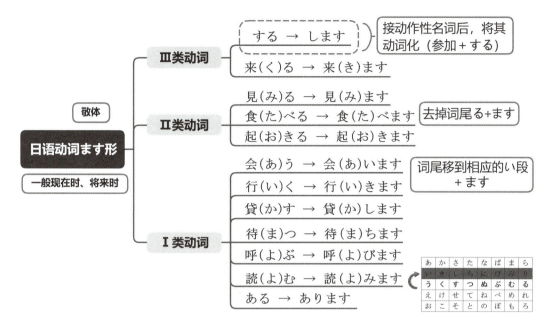

4. 仔细观察以下4个助词的例句，体会意义及用法，思考日语和汉语的区别。

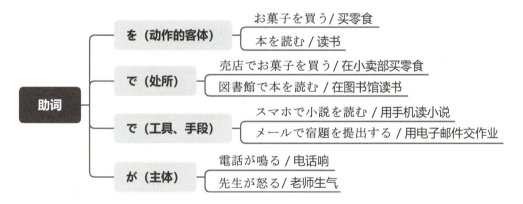

5. 推测以下外来词的读音，听录音确认。体会外来词的读音规律。

(1) news＿＿＿＿＿＿＿　　　(2) mall＿＿＿＿＿＿＿
(3) smartphone＿＿＿＿＿　(4) net shopping＿＿＿＿
(5) delivery＿＿＿＿＿＿　(6) soccer＿＿＿＿＿＿
(7) application＿＿＿＿＿

第5課　高橋さんの留学生活

6. 听录音，给汉字注音，并熟读这些单词。

(1) 宿題_____　　(2) 提出_____
(3) 本_____　　(4) 読む_____
(5) お菓子_____　　(6) 買う_____
(7) 単語_____　　(8) 調べる_____
(9) 電話_____　　(10) 鳴る_____
(11) 送る_____　　(12) 使う_____
(13) 怒る_____　　(14) 授業中_____
(15) 聞く_____　　(16) 毎日_____
(17) 小説_____　　(18) 宅配便_____

7. 仔细观察、体会自动词与他动词的意义和用法。

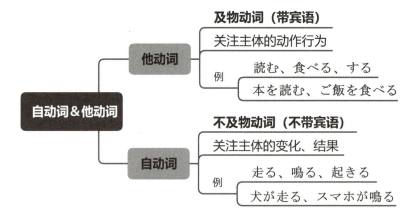

8. 仔细观察、体会以下副词的意义和用法。

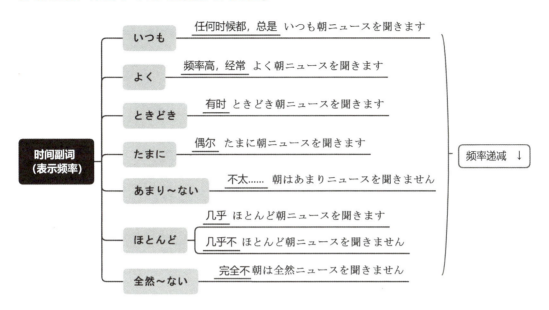

9. 你经常用手机做什么事情呢？试着用日语写一下吧。

_____

_____

课后学习

1. 记录今天从其他同学那里学到的表达、观点等。

_____

_____

_____

_____

2. 学完第1单元，你能够做以下事情。请完成下列学习项目。

谈论习惯	
谈论动作的频率	

第5課　高橋さんの留学生活

3. 对照本课的学习目标，完成下列自我检测卡，检测自己的达标情况。

学习目标	例句	达标情况
动词		
动词的活用类型		
动词的敬体（肯定、否定）		
动词的非过去时〈习惯、反复〉		
自动词和他动词		
を〈客体〉		
で〈处所〉		
で〈工具、手段〉		
が〈主体〉		
表示频率的时间副词与名词		

4. 练习动词「ます」形的变化。

必须流利哦

课前学习

1. 听录音，给汉字注音，并熟读这些单词。

(1) 行く＿＿＿＿＿＿＿＿＿ (2) 来る＿＿＿＿＿＿＿＿＿

(3) 出る＿＿＿＿＿＿＿＿＿ (4) 探す＿＿＿＿＿＿＿＿＿

(5) 手伝う＿＿＿＿＿＿＿＿ (6) 電話＿＿＿＿＿＿＿＿＿

(7) 文化＿＿＿＿＿＿＿＿＿ (8) 伝統＿＿＿＿＿＿＿＿＿

(9) 行事＿＿＿＿＿＿＿＿＿ (10) 資料＿＿＿＿＿＿＿＿

(11) 案内＿＿＿＿＿＿＿＿ (12) 発表＿＿＿＿＿＿＿＿

(13) 明日＿＿＿＿＿＿＿＿ (14) 来週＿＿＿＿＿＿＿＿

(15) 近く＿＿＿＿＿＿＿＿ (16) 後＿＿＿＿＿＿＿＿＿

(17) 静か＿＿＿＿＿＿＿＿ (18) 広い＿＿＿＿＿＿＿＿

(19) 春節＿＿＿＿＿＿＿＿ (20) 中秋節＿＿＿＿＿＿＿

2. 仔细观察、体会助词「に」「を」「とか」的意义和用法。

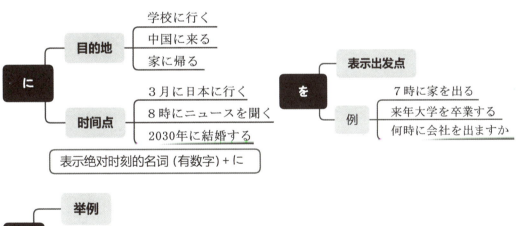

3. 将下列动词原形改成「ます」形。

(1) 行く　　(2) 来る　　(3) 出る　　(4) 探す
(5) 手伝う　(6) 読む　　(7) 買う　　(8) 使う
(9) 送る　　(10) 鳴る　　(11) 怒る　　(12) 調べる

4. 你可能发现了单词表里有些单词的词性是"名・他Ⅲ"或者"名・自Ⅲ"，观察这些名词有什么特点，名词怎么变成动词的？

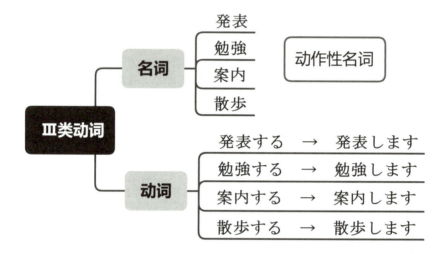

5. 你一般用什么方法查资料呢？请用日语写出你查阅资料的方法。

_____
_____
_____

课后学习

1. 记录今天从其他同学那里学到的表达、观点等。

_____
_____
_____
_____

2. 学完第2单元，你能够做以下事情。请完成下列学习项目。

描述先后顺序	
商量时间	
提建议	
提出帮助对方	
用动词的敬体描述将来的动作	

3. 对照本课的学习目标，完成下列自我检测卡，检测自己的达标情况。

学习目标	例句	达标情况
动词非过去时〈将来〉		
Nのあと（で）〈先后顺序〉		
に〈目的地〉		
に〈时间点〉		
を〈出发点〉		
とか〈举例〉		

ユニット 3 アンケート

课前学习

1. 听录音，推测下列外来词的意思。

   (1) アンケート　　(2) ホームページ　　(3) ラジオ　　(4) インターネット
   (5) クラス　　　　(6) カフェ　　　　　(7) チェック

2. 听录音，给汉字注音，并熟读这些单词。你认为这些单词中哪些是Ⅲ类动词呢？先推测，然后对照单词表确认。

   (1) 新聞 _____　　(2) 社会 _____
   (3) 地図 _____　　(4) 天気 _____
   (5) 調査 _____　　(6) 結果 _____
   (7) 情報 _____　　(8) 協力 _____
   (9) 学年 _____　　(10) 利用 _____
   (11) 自分 _____　　(12) 女性 _____
   (13) 個人 _____　　(14) 性別 _____
   (15) 統計 _____　　(16) 処理 _____
   (17) 項目 _____　　(18) 以外 _____
   (19) 公表 _____　　(20) 所属 _____
   (21) 該当 _____　　(22) 課程 _____
   (23) 通信 _____　　(24) 器械 _____
   (25) 未満 _____　　(26) 複数 _____

3. 仔细观察、体会动词否定形的变化规则。

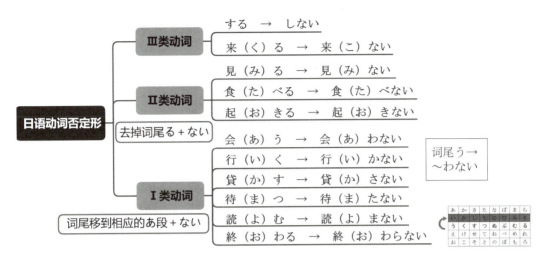

4. 用动词表练习动词「ない」形的变化。

花10分钟熟练掌握，受益终生哦。

课后学习

1. 记录今天从其他同学那里学到的表达、观点等。

_____
_____
_____
_____

2. 填写第3单元的调查问卷，梳理一下自己在通讯方面的行为特点。

_____
_____
_____
_____

第5課　高橋さんの留学生活

3. 学完第3单元，你能够做以下事情。请完成下列学习项目。

回答简单的问卷调查	
制作简单的调查问卷	

4. 对照本课的学习目标，完成下列自我检测卡，检测自己的达标情况。

学习目标	例句	达标情况
动词的简体(肯定、否定)		
あまり/全然～ない〈动作频率〉		

实力挑战

🎧 听录音，帮助录音中的记者完成采访工作。

注意根据上下文推测哦。

自我检测

文法リスト

- 动词
- 动词的活用类型
- 动词的敬体(肯定、否定)
- 动词的简体(肯定、否定)
- 动词非过去时<将来>
- 动词非过去时<习惯、反复>
- 自动词和他动词
- 表示频率的时间副词与名词
- を<客体>
- を<出发点>
- で<处所>
- で<工具、手段>
- に<时间点>
- に<目的地>
- が<主体>
- とか<举例>
- Nのあと（で）<先后顺序>
- あまり/全然～ない<动作频率>

単語帳

テレビ　ラジオ　メール　スマホ　スマートフォン　アプリ　ネットショッピング
デリバリー　アンケート　タブレット　チェック　カフェ　SNS　オンライン
お菓子　果物　電話　資料　小説　地図　天気　紙　新聞　文化　伝統　社会　春節
中秋節　行事　結果　記事　僕　性別　女性　所属　研究科　修士　博士　課程
学年　機器　複数回答　個人情報　項目　毎日　通信　授業中
提出　連絡　調査　注文　協力　統計　処理　公表　収集　情報収集
買う　読む　聞く　使う　見る　行く　鳴る　怒る　調べる　探す　手伝う　出る
終わる
ほとんど　ときどき　よく　いつも　もちろん　たまに
-中　-ごろ　-科　-未満　-以上　あと　可

パソコン　パン　Eメール　バスケットボール
食べる　する　来る　書く　起きる　帰る　ある　飲む
お土産　お茶　食生活　外食　手紙　辞書　携帯電話　映画館　店　うち　意味
読み方　運動場　近く　全然

第5課　高橋さんの留学生活

 Ⅰ. 文字・词汇・语法

1. 写出下列画线部分汉字的正确读音。

(1) この<u>小説</u>はおもしろいです。

(2) 昨日手紙を<u>書</u>きました。

(3) 花屋で花を<u>買</u>いました。

(4) スマホでメールを<u>送</u>りました。

(5) 父は毎朝新聞を<u>読</u>みます。

(6) ネットカフェは<u>便利</u>ですね。

(7) 日本語のニュースを<u>聞</u>きます。

(8) 毎晩<u>4時間</u>ぐらい勉強します。

(9) 李さんは9時に家を<u>出</u>ました。

(10) 言葉の勉強は日々の<u>努力</u>の<u>積み重</u>ねです。

(1)	(2)
(3)	(4)
(5)	(6)
(7)	(8)
(9)	(10)

2. 将下列画线部分改写成汉字。

(1) 授業のあと<u>れんらく</u>します。

(2) <u>しゅんせつ</u>は故郷に帰ります。

(3) ここは留学生の<u>りょう</u>です。

(4) 明日、発表の<u>しりょう</u>を調べます。

(5) 夜はお寿司を<u>ちゅうもん</u>しました。

(6) <u>しょくどう</u>は何時までですか。

(7) 今日の<u>しゅくだい</u>は難しいですね。

(8) よくSNSを<u>つか</u>います。

(9) 日曜日は<u>そうじ</u>をします。

(10) この<u>ちず</u>アプリはとても便利です。

(1)	(2)
(3)	(4)
(5)	(6)
(7)	(8)
(9)	(10)

3. 从a～g中分别找出（1）～（7）的适当搭配，用直线连接起来。

(1) ミルク　　　を　　　　a．食べる
(2) メール　　　を　　　　b．書く
(3) ゲーム　　　を　　　　c．飲む
(4) テレビ　　　を　　　　d．見る
(5) ラジオ　　　を　　　　e．送る
(6) レポート　　を　　　　f．聞く
(7) パン　　　　を　　　　g．する

4. 从a～d中选择正确答案。

(1) 僕は_____で宿題をします。パソコンは使いません。
　　a．タブレット　　b．ゲーム　　c．ラジオ　　d．ショッピング
(2) 毎週の火曜日に宿題を_____します。
　　a．注文　　b．提出　　c．担任　　d．登録
(3) 田中さんには昨日メールで_____しました。
　　a．試合　　b．交換　　c．連絡　　d．デリバリー
(4) 朝はあまりコーヒーを_____。
　　a．よみません　　b．ききません　　c．たべません　　d．のみません
(5) 授業中、スマホが_____。
　　a．みました　　b．おきました　　c．なりました　　d．おこりました
(6) 日本料理は食べるが、韓国料理は_____食べない。
　　a．たまに　　b．ぜひ　　c．よく　　d．ほとんど
(7) A：_____この本屋で本を買いますか。
　　B：はい、よく来ます。
　　a．いつも　　b．ちょっと　　c．もちろん　　d．ぜひ
(8) A：よく映画を見ますか。
　　B：いいえ。でも_____テレビで見ます。
　　a．あまり　　b．たまに　　c．そんなに　　d．とっても

第5課　高橋さんの留学生活

5. 按照提示，完成下列动词活用表格。

見る			見ません
	食べます		
		買わない	
	書きます		
探す			
			待ちません
	読みます		
			送りません
する			
			来ません

6. 在下列（　）里填入适当的助词。每个（　）填一个假名。不需要的画×。

(1) 店（　）入る。

(2) 父（　）怒る。

(3) 電話（　）鳴る。

(4) 会社（　）（　）帰る。

(5) 喫茶店（　）ジュースを飲む。

(6) 明日日本語（　）発表する。

(7) 私は毎日（　）学校（　）日本語を勉強する。

(8) アメリカ（　）（　）留学生がたくさん来る。

(9) あのバスは10時（　）大学（　）出ます。

(10) スマホ（　）映画を見る。

7. 正确排列a～d的顺序，选择最适合的选项填入 ★ 。

(1) 毎日何時間 ★ ＿＿＿ ＿＿＿ ＿＿＿ か。
　　a．日本語　　b．ぐらい　　c．勉強します　　d．を

(2) 私は＿＿＿ ＿＿＿ ＿＿＿ ★ 。
　　a．を　　　b．見ない　　c．テレビ　　　d．あまり

(3) 三保さんは ★ ＿＿＿ ＿＿＿ ＿＿＿ 。
　　a．資料を　　b．で　　　c．インターネット　d．集めました

(4) 私は＿＿＿ ★ ＿＿＿ ＿＿＿ 。
　　a．を　　　b．ゲーム　　c．ほとんど　　d．しません

(5) 私＿★＿ ＿＿＿＿ ＿＿＿＿ ＿＿＿＿食べます。

　　　a．は　　　　b．日本料理　　　　c．ときどき　　　　d．を

8. 请用日语将你每天的生活起居写下来。

_____
_____
_____
_____
_____

9. 日语汉字学习——这些日语汉字应该怎么读？

(1)　（社会　　　案内）　　社内　_____
(2)　（事情　　　利用）　　用事　_____
(3)　（学生　　　授業）　　学業　_____
(4)　（通信　　　学生）　　通学　_____
(5)　（新聞　　　学年）　　新年　_____
(6)　（通信　　　利用）　　信用　_____
(7)　（運動場　　映画）　　動画　_____
(8)　（中国　　　新華書店）中華　_____
(9)　（個人情報　女性）　　個性　_____
(10)（京華大学　演劇）　　京劇　_____

Ⅱ．听力

1. 听录音，仿照例子选择正确答案。

例　A　　　(1)＿＿＿　(2)＿＿＿　(3)＿＿＿　(4)＿＿＿

A　　　　　　　　　　　　B

第5課　高橋さんの留学生活

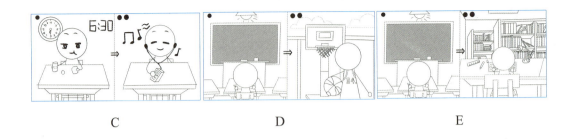

　　　　　C　　　　　　　　　　D　　　　　　　　　　E

 2. 听录音，仿照例子选择正确答案。

　　例　　　d　　　

　　(1) _____　(2) _____　(3) _____

 3. 听录音，从a～c中选择正确的应答。

　　(1) _____　(2) _____　(3) _____　(4) _____

Ⅲ. 阅读

阅读下列文章，根据文章内容判断正误。正确的画〇，错误的画×。

　　渡辺美咲です。今京華大学の語学留学生です。授業は8時からで、私は毎朝7時に起きます。7時半ごろ学校の食堂でご飯を食べます。よくマントウとか果物とかを食べます。中国では、パンはほとんど食べません。大学では中国語を勉強します。教室でたまに中国の音楽を聴きます。先生は少し厳しいですが、授業はとても楽しいです。授業のあと、たまに映画館に行きます。映画館は大学に近くて、とても便利です。毎晩だいたい11時ごろ寝ます。今、もう11時半ですが。明日はテストです。もう少し頑張ります。

(1)　(　)　渡辺さんは中国語学科の学生です。
(2)　(　)　渡辺さんは食堂でマントウは食べません。
(3)　(　)　中国語の授業ではいつも音楽を聴きます。
(4)　(　)　渡辺さんはたまに映画を見ます。
(5)　(　)　渡辺さんは毎晩12時に寝ます。

第6課　スピーチコンテスト応援

ユニット1　スピーチコンテスト

课前学习

 1. 听录音，推测下列外来词的意思。

(1) スピーチコンテスト　　(2) スピーチ　　(3) レベル

 2. 听录音，给汉字注音，并熟读这些单词。

(1) 家族 ＿＿＿＿＿　　　(2) 元気 ＿＿＿＿＿
(3) 優秀 ＿＿＿＿＿　　　(4) 最高 ＿＿＿＿＿
(5) 昨日 ＿＿＿＿＿　　　(6) 交換 ＿＿＿＿＿
(7) 世界中 ＿＿＿＿＿　　(8) 留守中 ＿＿＿＿＿
(9) 会う ＿＿＿＿＿　　　(10) 戻る ＿＿＿＿＿
(11) 集まる＿＿＿＿＿　　(12) 素晴らしい＿＿＿＿＿
(13) 二等賞＿＿＿＿＿　　(14) 準優勝 ＿＿＿＿＿

3. 仔细观察、体会日语动词敬体的形式。

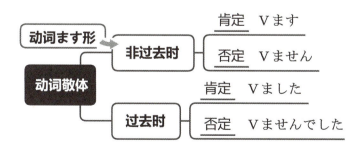

第6課　スピーチコンテスト応援

4. "去图书馆借书"是有目的的移动，仔细观察用日语表达。试着翻译下列句子。

↓

図書館へ本を借りに行きます

　（1）去日本看樱花_____

　（2）回家吃饺子_____

　（3）来中国学汉语_____

　（4）去书店买书_____

5. 仔细观察、体会助词「に」的意义和用法。

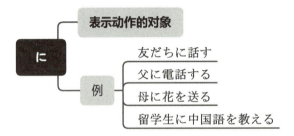

6. 仔细观察、体会"疑问词＋か"的意义。

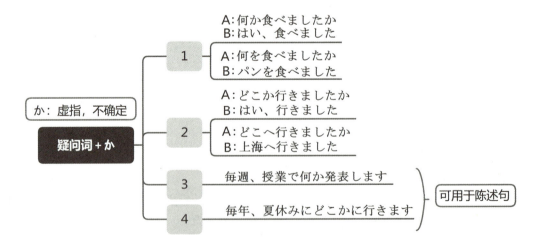

7. 仔细观察、体会"疑问词＋も"的意义。

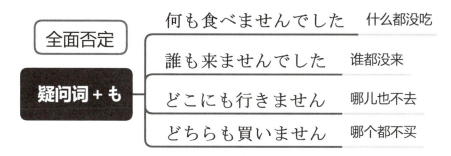

8. 仔细观察「～中（ちゅう）」「～中（じゅう）」的区别。

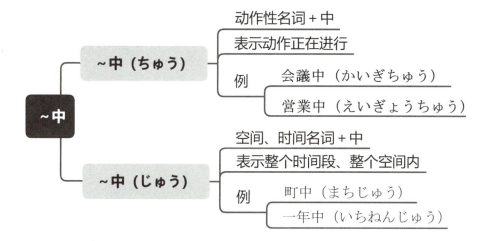

课后学习

1. 记录今天从其他同学那里学到的表达、观点等。

2. 学完第1单元，你能够做以下事情。请完成下列学习项目。

外出归来后寒暄	
描述过去发生的事情	
表达高兴的心情	

第6課　スピーチコンテスト応援

3. 对照本课的学习目标，完成下列自我检测卡，检测自己的达标情况。

学习目标	例句	达标情况
动词的敬体过去时		
无助词现象		
Vに行く/来る〈有目的的移动〉		
に〈对象〉		
N_1かN_2〈并列、选择〉		
疑问词＋か〈虚指〉		
疑问词＋（格助词＋）も〈全称否定〉		
ところで〈转换话题〉		

ユニット2 大学祭

课前学习

1. 听录音，推测下列外来词的意思。

(1) シーズン　　(2) テーマ　　(3) カラオケ

(4) ギョーザ　　(5) タイ　　(6) インド

(7) マレーシア　　(8) アフレコ（アフターレコーディング）

2. 听录音，给汉字注音，并熟读这些单词。

(1) 見る _____　　(2) 出す _____

(3) 回る _____　　(4) 食べる _____

(5) 店 _____　　(6) 料理 _____

(7) 大学祭 _____　　(8) 社会学部 _____

(9) 全部 _____　　(10) 各国 _____

(11) 関連 _____　　(12) 行動 _____

(13) 模擬店 _____　　(14) 好評 _____

(15) 日中 _____　　(16) 中華 _____

(17) 韓国 _____　　(18) 苦しい _____

3. 仔细观察、体会表示移动范围的助词「を」的意义。「を」后面的动词有什么特点？

```
              空（そら）を飛（と）ぶ
   ┌──┐   道（みち）を歩（ある）く      ┐
   │を│                                 ├ 含移动意义
   └──┘   山（やま）を登（のぼ）る      │   的自动词
  移动的范围  公園（こうえん）を散歩（さんぽ）する ┘
```

4. 观察、梳理表示指示的「そ」系列和「あ」系列的区别。

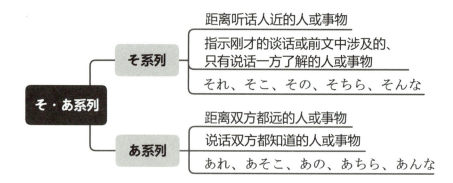

5. 试着说一说。高中的校庆时同学们组织了哪些活动？

课后学习

1. 记录今天从其他同学那里学到的表达、观点等。

_____

_____

_____

_____

2. 学完第2单元，你能够做以下事情。请完成下列学习项目。

表示赞赏	
表示吃惊	

3. 对照本课的学习目标，完成下列自我检测卡，检测自己的达标情况。

学习目标	例句	达标情况
あの〈指示〉		
を〈移动的范围〉		

ユニット3 私の留学日記

课前学习

1. 听录音，推测下列外来词的意思。

(1) バス　　　　　(2) クラブ　　　　(3) ショック

(4) ホームステイ　(5) アルバイト

2. 听录音，给汉字注音，并熟读这些单词。

(1) 夢　＿＿＿＿＿＿　　　　(2) 客　＿＿＿＿＿＿
(3) 飛行機　＿＿＿＿＿＿　　(4) 空港　＿＿＿＿＿＿
(5) 経験　＿＿＿＿＿＿　　　(6) 国際　＿＿＿＿＿＿
(7) 現実　＿＿＿＿＿＿　　　(8) 工場　＿＿＿＿＿＿
(9) 見学　＿＿＿＿＿＿　　　(10) 景色　＿＿＿＿＿＿
(11) 今度　＿＿＿＿＿＿　　 (12) 一生　＿＿＿＿＿＿
(13) 思い出　＿＿＿＿＿＿　 (14) 期間　＿＿＿＿＿＿
(15) 同級生　＿＿＿＿＿＿　 (16) 協定校　＿＿＿＿＿＿
(17) 地域　＿＿＿＿＿＿　　 (18) 訪問　＿＿＿＿＿＿
(19) 登山　＿＿＿＿＿＿　　 (20) 山頂　＿＿＿＿＿＿
(21) 主催　＿＿＿＿＿＿　　 (22) 不安　＿＿＿＿＿＿
(23) 好評　＿＿＿＿＿＿　　 (24) 一生懸命　＿＿＿＿＿＿
(25) 乗る　＿＿＿＿＿＿　　 (26) 着く　＿＿＿＿＿＿
(27) 作る　＿＿＿＿＿＿　　 (28) 始まる　＿＿＿＿＿＿
(29) 開く　＿＿＿＿＿＿　　 (30) 通じる　＿＿＿＿＿＿
(31) 登る　＿＿＿＿＿＿　　 (32) 話しかける　＿＿＿＿＿＿
(33) 近づく　＿＿＿＿＿＿　 (34) 初めて　＿＿＿＿＿＿
(35) 久しぶり　＿＿＿＿＿＿

3. 仔细观察、体会动词简体过去时的变化规律。

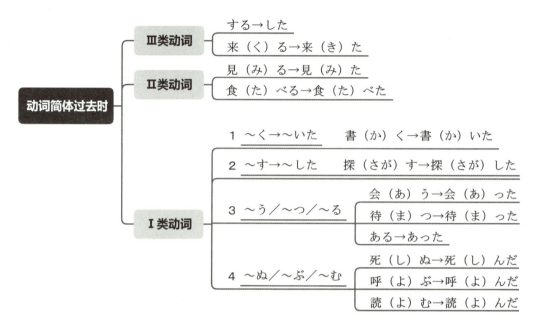

4. 反复练习动词简体过去时。

必须流利哦

5. 仔细观察、体会动词简体否定过去时的变化规律。

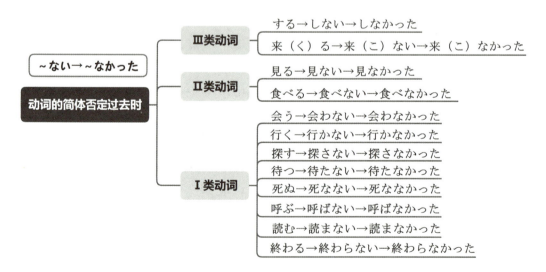

6. 仔细观察、体会形容词第一连用形（修饰动词）的形式。

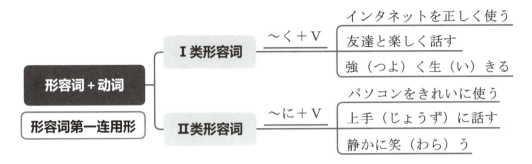

7. 仔细观察图片，体会「に」（对象）和「と」（相互动作的对象）的区别。

姉に話す　　　　　　　　　姉と話す

8. 仔细观察、体会助词「へ」的意义和用法。

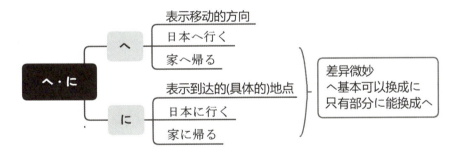

课后学习

1. 记录今天从其他同学那里学到的表达、观点等。

_____
_____
_____

第6課　スピーチコンテスト応援

2. 学完第3单元，你能够做以下事情。请完成下列学习项目。

用简体写作文	

3. 对照本课的学习目标，完成下列自我检测卡，检测自己的达标情况。

学习目标	例句	达标情况
动词的简体过去时		
形容词的第一连用形（A_Iく／A_{II}に）		
と〈相互动作的对象〉〈同一动作的参与者〉		
へ〈方向〉		
そして〈顺序、累加〉		

4. 梳理日语的敬体与简体。

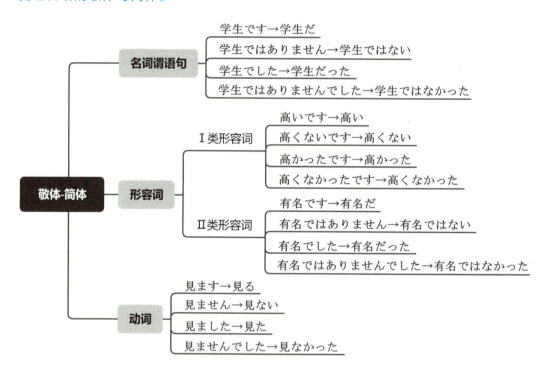

实力挑战

🎧 一位来中国短期留学的日本学生在参观中国的中学时做了自我介绍。请你来给她做翻译吧。

第6課　スピーチコンテスト応援

自我检测

文法リスト

- 动词的敬体过去时
- Vに行く/来る〈有目的的移动〉
- 疑问词＋（格助词＋）も〈全称否定〉
- に〈对象〉
- へ〈方向〉
- と〈相互动作的对象〉〈同一动作的参与者〉
- N₁かN₂〈并列、选择〉
- そして〈顺序、累加〉
- 无助词现象
- 动词的简体过去时
- 形容词第一连用形（A₁く／A₂に）
- 疑问词＋か〈虚指〉
- に〈终点〉
- を〈移动的范围〉
- ところで〈转换话题〉
- あの〈指示〉

単語帳

スピーチ　コンテスト　レベル　アルバイト　シーズン　ショック　クラブ　リムジンバス　ホームステイ　アフレコ　カラオケ　タイ　マレーシア　インド
夢　現実　一生　思い出　今度　飛行機　空港　息子　もみじ　来年　秋　大学祭　同級生　工場　新幹線　中学校　生徒　椅子　地域　大人気　富士山　山頂　景色　登山客　日中　大会　各国　模擬店　中華料理　水ギョウザ　学科長　二等賞　準優勝　世界中　日本語学科だより　日本行き　国際交流会館　期間中　-か月間　どこか　こと
旅行　参加　見学　経験　応援　案内　指導　訪問　関連　留守
すごい　すばらしい　えらい　苦しい　よく　ちょうど　おおぜい　ぜんぶ　不安　初めて　たくさん　久しぶり　優秀　最高　一所懸命　好評　そして
話す　作る　出す　登る　会う　着く　乗る　話しかける　頑張る　始まる　集まる　足りる　通じる　近づく　回る　戻る

チャット　シンポジウム　テニス
先月　来月　去年　今晩　おととい　あさって　来週　週末　夏休み　国　本屋　公園　若者　親友　結婚　洗濯　掃除　運動　音読　散歩　全部
待つ　遊ぶ　寝る　入る　集める　歩く　探す　借りる

I. 文字・词汇・语法

1. 写出下列画线部分汉字的正确读音。

(1) 去年のバス旅行はとても楽しかった。
(2) 去年、姉は私の先輩と結婚しました。
(3) 飛行機は3時半に北京に着きます。
(4) 大学では日本語の講座を開きました。
(5) 授業は4月から始まります。
(6) 明日、趙さんと一緒に公園へ行きます。
(7) 高校時代はいい思い出になった。
(8) 子どもは公園へ遊びに行きました。
(9) 明日大学祭に行きます。
(10) あの店は料理が好評でした。

(1)	(2)
(3)	(4)
(5)	(6)
(7)	(8)
(9)	(10)

2. 将下列画线部分改写成汉字。

(1) 私のゆめは日本語教師です。
(2) 留学生たちはみんなこくさい交流クラブに参加した。
(3) 箱から本をだした。
(4) なつやすみは12日からです。
(5) 鄭さんは小学校をほうもんしました。
(6) 父は若い時世界中をまわりました。
(7) 全国から学生があつまった。
(8) 中国ではいろいろとけいけんしました。
(9) あの町のけしきはとてもすばらしいです。
(10) 学校の前でバスにのった。

(1)	(2)
(3)	(4)
(5)	(6)
(7)	(8)
(9)	(10)

3. 从a～d中选择正确答案。

(1) 10月は旅行の_____です。おおぜいの人が北京に来ます。
　　a．クラブ　　　　b．ダンス　　　　c．テニス　　　d．シーズン
(2) 英語の試験が58点だった。_____でした。
　　a．バドミントン　　b．シンポジウム　　c．インド　　　d．ショック

第6課　スピーチコンテスト応援

(3) 夏休みの_____は楽しかった。
　　a．レベル　　　　　　　　　　b．ホームページ
　　c．ホームステイ　　　　　　　d．タブレット

(4) バスは3時半に東京駅に_____。
　　a．つきました　　b．あるきました　　c．たりました　　d．およぎました

(5) 李さんはもう研究室に_____。
　　a．だしました　　　　　　　　b．のぼりました
　　c．のりました　　　　　　　　d．もどりました

(6) A：昨日、図書館で張さんに会いましたよ。
　　B：そうですか。_____人はよく図書館に行きますね。
　　a．その　　　　b．あの　　　　c．この　　　　d．それ

(7) 昨日はとても寒かったです。_____どこにも行きませんでした。
　　a．そして　　b．また　　c．だから　　d．あとで

(8) 日曜日に友達と本屋へ行きました。本を_____買いました。
　　a．たくさん　　b．おおぜい　　c．多い　　d．たまに

(9) 母は今年_____50歳です。
　　a．ちょっと　　b．ちょうど　　c．ぜんぶ　　d．ときどき

(10) 中学生のとき、_____本を読みました。
　　a．久しぶりの　　b．いろいろな　　c．おおぜい　　d．もちろんの

4. 按照提示，将横线或空格部分补充完整。

A.

(1) ①_____ → きょう → ②_____
(2) ③_____ → ④_____ → らいしゅう
(3) せんげつ → ⑤_____ → ⑥_____
(4) きょねん → ⑦_____ → ⑧_____

B.

書く	書かない	書きました	書きませんでした	書いた	書かなかった
会う					
		開きました			
近づく					
				歩いた	
		泳ぎました			

续表

				話した	
		出しました			
返す					
		遊びました			
				始まった	
		乗りました			
登る					
				戻った	
足りる					
		とりました			
	作らない				
	通じない				

5. 从a～d中选择正确答案。

(1) おととい、友達とおもしろい映画を_____。

　　a．見ました　　b．見ます　　c．見るでした　　d．見でした

(2) 鄭さんは来週、鈴木さんのうちへ_____にいきます。

　　a．遊ぶ　　b．遊び　　c．遊ば　　d．遊ん

(3) スミスさんは先週旅行_____行ってきました。

　　a．は　　b．に　　c．で　　d．を

(4) 今朝_____私は何_____食べなかった。

　　a．に／を　　b．×／を　　c．×／も　　d．に／も

(5) 何_____飲みますか。

　　a．の　　b．は　　c．か　　d．も

(6) 李さんは毎朝近くの公園_____散歩します。

　　a．の　　b．に　　c．と　　d．を

(7) A：先週のパーティーで_____会いましたか。

　　B：ええ、久しぶりに中学校の友達に会いました。

　　a．誰に　　b．誰も　　c．誰かに　　d．誰にか

(8) 鈴木さんはみんな_____調査結果を紹介しました。

　　a．に　　b．を　　c．で　　d．が

(9) 去年、私は陳さんといろいろな町＿＿＿旅行しました。
   a．で　　　b．を　　　c．が　　　d．から

(10) 電車は駅＿＿＿近づいた。
   a．と　　　b．を　　　c．から　　　d．に

6. **正确排列a～d的顺序，选择最适合的选项填入＿★＿。**

(1) ＿＿＿★＿＿＿＿＿＿パーティーをする。
   a．教室　　　b．会議室　　　c．で　　　d．か

(2) 日曜日は＿＿＿＿★＿＿＿。
   a．へ　　　b．行きません　　　c．も　　　d．どこ

(3) 昨日、図書館へ＿＿＿＿＿★＿＿＿行きました。
   a．返し　　　b．本　　　c．に　　　d．を

(4) 仕事は★＿＿＿＿＿＿＿。
   a．忙しく　　　b．です　　　c．そんなに　　　d．なかった

(5) ＿★＿＿＿＿＿＿食べました。
   a．を　　　b．インド料理　　　c．この間　　　d．はじめて

(6) 父は毎朝＿＿★＿＿＿＿飲みます。
   a．コーヒー　　　b．を　　　c．か　　　d．紅茶

(7) 今朝、＿＿＿＿＿＿★＿。
   a．1枚　　　b．食べました　　　c．を　　　d．パン

(8) 交流パーティーに＿＿＿＿＿★＿。
   a．来ました　　　b．おおぜい　　　c．が　　　d．学生

7. **日语汉字学习——这些日语汉字应该怎么读？**

(1) 体験　　(2) 旅行者　　(3) 旅費　　(4) 時期　　(5) 長期
(6) 訪日　　(7) 交際　　(8) 実際　　(9) 結論　　(10) 実現

Ⅱ. 听力

1. 听录音，仿照例子选择正确答案，填写在表格中。

水曜日	（　）
木曜日	（　）
金曜日	（　）
土曜日	（　）
日曜日	（ b ）
月曜日	今日
火曜日	（　）

a. 買い物に行きます	b. 買い物に行きました
c. 資料を探します	d. 資料を探しました
e. テニスをします	f. テニスをしました
g. 本を読みます	h. 本を読みました
i. スピーチコンテストを聞きます	
j. スピーチコンテストを聞きました	
k. 映画を見ます	l. 映画を見ました

2. 听录音，仿照例子选择正确答案。

例　__a__

(1) _____　(2) _____　(3) _____　(4) _____

3. 听录音，从a～c中选择正确的应答。

(1) _____　(2) _____　(3) _____　(4) _____

Ⅲ. 阅读

阅读下列文章，选择不符合文章内容的答案。

　　先週、韓国に遊びに行った。ちょうど旅行のシーズンで、観光客が多かった。韓国では友達のキムさんに会った。キムさんは優しくておもしろい人で、超イケメン。私の大学の先輩と結婚したが、先輩は忙しくてキムさんと一緒に来なかった。残念だった。私たちはいろいろな料理を食べた。韓国料理はどれもおいしかった。

　　a．韓国は観光客が多かった。
　　b．韓国で大学の先輩に会った。
　　c．先輩は女性だ。

第7課　案内

 北京案内

课前学习

1. 听录音，推测下列外来词的意思。

　　(1) タクシー　　　(2) チーズ

2. 听录音，给汉字注音，并熟读这些单词。

　　(1) 北　　_____　　　(2) 西側　　_____
　　(3) 下　　_____　　　(4) 中心　　_____
　　(5) 正面　_____　　　(6) 城楼　　_____
　　(7) 見える_____　　　(8) 楽しみ　_____
　　(9) 観光客_____　　　(10) 北京　　_____
　　(11) 天安門広場_____　(12) 故宮　　_____
　　(13) 王府井_____　　　(14) 人民大会堂_____
　　(15) 景山公園_____　　(16) 毛沢東の肖像画_____

3. 仔细观察、体会表示存在的语法规则。

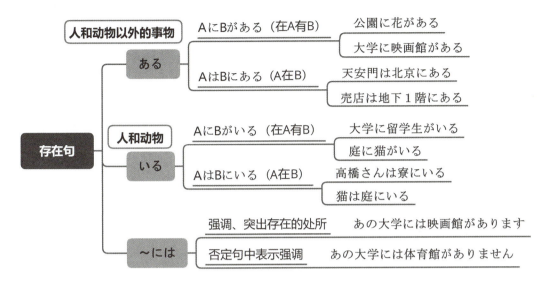

4. 请在地图上查询这些地点的地理位置。

天安門広場、故宮博物院、人民大会堂、国家博物館、北海公園、景山公園
(てんあんもんひろば、こきゅうはくぶついん、じんみんだいかいどう、こっかはくぶつかん、ほっかいこうえん、けいざんこうえん)

5. 仔细观察、体会动作数量的表达方法。

第7課　案内

6. 仔细观察、体会表示数量的后缀的形式和用法。

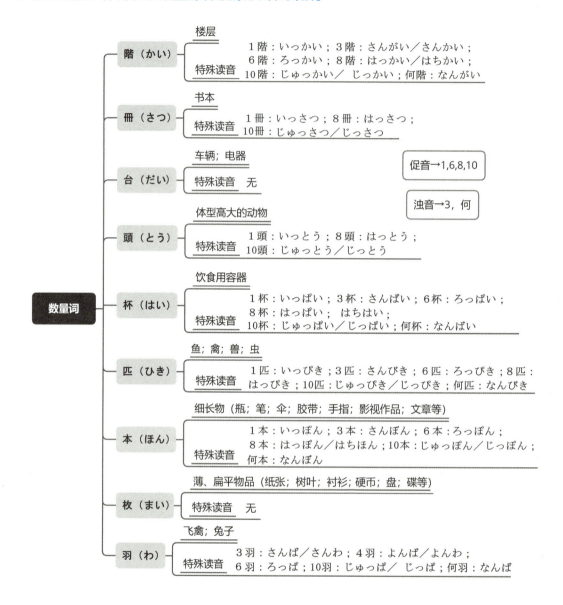

ユニット1　北京案内

课后学习

1. 记录今天从其他同学那里学到的表达、观点等。

_____

_____

_____

_____

2. 学完第1单元，你能够做以下事情。请完成下列学习项目。

提出建议	
描述位置	
向朋友简单介绍景点	

3. 对照本课的学习目标，完成下列自我检测卡，检测自己的达标情况。

学习目标	例句	达标情况
Vましょう（か）〈建议〉		
N_1に(は)N_2が ある／いる〈存在〉		
N_1はN_2にある／いる〈所在〉		
数量词+V〈对象的量〉		
～んです〈说明〉		
Nが見える〈可能〉		

第7課　案内

本場の中華料理

课前学习

🎧 1. 听录音，推测下列外来词的意思。

(1) スカート　　(2) ビール　　(3) テレビ　　(4)（北京）ダック

🎧 2. 听录音，给汉字注音，并熟读这些单词。

(1) お酒　＿＿＿＿＿＿　　(2) 肌　＿＿＿＿＿＿

(3) 番組　＿＿＿＿＿＿　　(4) 本場　＿＿＿＿＿＿

(5) 豚足　＿＿＿＿＿＿　　(6) 混む　＿＿＿＿＿＿

(7) 口に合う＿＿＿＿＿＿

3. 「なる」是典型的自动词，仔细观察它的接续方法，推测例句的意思。

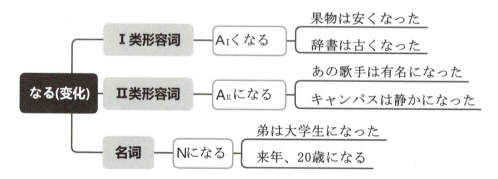

4. 「する」是典型的他动词，仔细观察其表示选择、决定的用法。

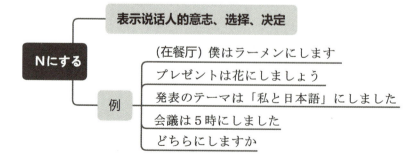

5. 本课我们学习3个表示建议的表达方式，你认为哪一种更客气呢？为什么？

6. 仔细观察「まで」「までに」的例句，归纳它们的区别，注意后面动词的特点。

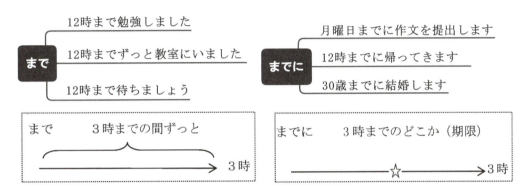

7. 仔细观察、体会「でしょう」的意义和用法。

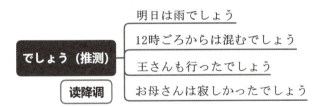

8. 以下是在日本非常受欢迎的中国菜的排行榜，你能根据读音推测出菜品吗？你知道第一名是什么菜吗？

(1)	
(2)	マーボー豆腐
(3)	ショウロンポウ
(4)	チャーハン
(5)	チンジャオロウスー
(6)	エビチリ
(7)	肉まん
(8)	ユーリンチー
(9)	北京ダック
(10)	春巻き（はるまき）

第7課　案内

课后学习

1. 记录今天从其他同学那里学到的表达、观点等。

_____
_____
_____

2. 学完第2单元，你能够做以下事情。请完成下列学习项目。

提出建议	
商量点菜	

3. 对照本课的学习目标，完成下列自我检测卡，检测自己的达标情况。

学习目标	例句	达标情况
Nになる／A_Iくなる／A_{II}になる〈变化的结果〉		
Nにする〈选择、决定〉		
〜でしょう〈推测〉		
Vませんか〈建议〉		
そこ〈指示〉		
でも〈示例〉		
までに〈期限〉		
で〈范围〉		
〜んです／〜んですが〈引入话题〉		
〜んです／〜の（ん）だ／〜のである〈说明理由〉		

3 万里の長城

课前学习

1. 听录音，给汉字注音，并熟读这些单词。

(1) 世界 _____　　(2) 世界的 _____
(3) 時代 _____　　(4) 世紀 _____
(5) 周り _____　　(6) 長さ _____
(7) 東 _____　　(8) 工事 _____
(9) 設備 _____　　(10) 統一 _____
(11) 国内 _____　　(12) 各国 _____
(13) 建築 _____　　(14) 建造 _____
(15) 外敵 _____　　(16) 城壁 _____
(17) 皇帝 _____　　(18) 紀元前 _____
(19) 世界遺産 _____　　(20) 万里の長城 _____
(21) 続ける _____　　(22) 防ぐ _____

2. 思考表示判断的「です」「だ」「である」的不同。

判断词
- です（敬体）ここは有名な観光地です
- だ（简体）ここは有名な観光地だ
- である（书面语・郑重）ここは有名な観光地である

3. 仔细观察、体会表示处所的「で」和「に」的区别。

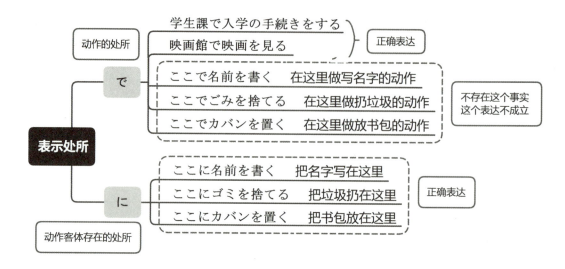

4. 仔细观察、体会「形容词＋さ」的意义和用法。

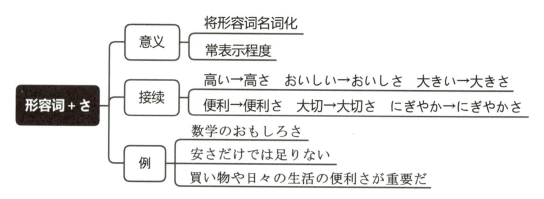

5. 第3单元的主题是长城，关于长城你了解哪些内容？请用汉语大致归纳。

课后学习

1. 记录今天从其他同学那里学到的表达、观点等。

2. 学完第3单元，你能够做以下事情。请完成下列学习项目。

简单介绍名胜古迹	

3. 对照本课的学习目标，完成下列自我检测卡，检测自己的达标情况。

学习目标	例句	达标情况
である〈判断〉		
に〈客体的处所〉		

实力挑战

听录音，这是留学生中心的老师在给刚刚来中国的日本留学生介绍校园，请你翻译成日语。

第7課　案内

自我检测

文法リスト

- N₁に(は)N₂がある／いる〈存在〉
- N₁はN₂にある／いる〈所在〉
- Vませんか〈建议〉
- Vましょう（か）〈建议〉
- ～でしょう〈推测〉
- 数量词+V〈対象的数量〉
- Nになる／A₁くなる／A₁₁になる〈変化的結果〉
- Nにする〈選択、決定〉
- ～んですか〈要求説明〉
- ～んです／～んですが〈引入话题〉
- ～んです／～の（ん）だ／～のである〈説明理由〉
- Nが見える〈可能〉
- でも〈示例〉
- で〈范围〉
- までに〈期限〉
- に〈客体的処所〉
- そこ〈指示〉
- Nである〈判断〉

単語帳

タクシー　チーズ　テレビ番組　ビール　スカート　キロ　メートル
世界　広場　観光客　本場　番組　楽しみ　私たち　肌　お酒　口　お腹　今日
過去　時代　紀元前　世紀　正面　東　西側　西　北　下　中心　長さ　国内　国内外
外敵　小国　国王　皇帝　周り　城壁　軍事　設備　建築物
観光　工事　想像　統一　建造
ある　いる　わかる　見える　なる　混む　する　合う　防ぐ　続ける　つなぐ
訪れる　楽しむ　撮る　口に合う
きつい　そろそろ　まず　いっぱい　世界的　かつて　それぞれ　壮大　ようやく
それじゃ
天安門　故宮　景山公園　王府井　毛沢東　肖像画　天安門広場　人民大会堂　城楼
万里の長城　世界遺産　春秋戦国時代　秦の始皇帝　秦王朝　北京ダック　豚足

ジュース　レポート　アニメ　ラーメン　プレゼント　マフラー　ベッド
海　山　橋　夏　昼　色　頭　猫　箱　机　赤　兄　上　中　下　兄弟　めがね
男の子　女の子　研究室　博物館　学食　今週　お昼　年末　昼食　億　生命　回
冊　暖かい　人気　楽　いちばん

Ⅰ. 文字・词汇・语法

1. 写出下列画线部分汉字的正确读音。

(1) 天安門広場は天安門の<u>正面</u>にあります。
(2) この大学には<u>世界</u>各国の留学生がいます。
(3) これから生活はもっと<u>楽</u>になるでしょう。
(4) <u>昼休</u>みは1時間です。
(5) あの時の生活は<u>苦</u>しかった。
(6) ここで<u>写真</u>を撮りましょう。
(7) 教室から<u>海</u>が見えます。
(8) 私はよく日本のテレビ<u>番組</u>を見ます。
(9) 万里の<u>長城</u>は世界的に有名だ。
(10) この料理はお<u>口</u>に<u>合</u>いますか。

(1)	(2)
(3)	(4)
(5)	(6)
(7)	(8)
(9)	(10)

2. 将下列画线部分改写成汉字。

(1) 天安門に行きましょうか。<u>あんない</u>します。
(2) 大学は町の<u>ひがし</u>にあります。
(3) 夏休みの旅行は高校<u>じだい</u>毎年の楽しみでした。
(4) この<u>やさい</u>サラダはおいしいですね。
(5) 4月になって、<u>あたた</u>かくなりました。
(6) 李さんは<u>はだ</u>がきれいですね。
(7) 私は3年も水泳の練習を<u>つづ</u>けました。
(8) これは15<u>せいき</u>の建物です。
(9) <u>じんみんだいかいどう</u>はりっぱですね。
(10) 明日のパーティ、<u>たの</u>しみですね。

(1)	(2)
(3)	(4)
(5)	(6)
(7)	(8)
(9)	(10)

3. 从a～d中选择正确答案。

(1) （指着地图）天安門は北京の中心にあります。人民大会堂も_____にあります。
　　a. ここ　　　b. そこ　　　c. あそこ　　　d. どこ
(2) 家の近くに大きいスーパーがあります。私はよく_____で買い物をします。
　　a. そこ　　　b. あそこ　　　c. ここ　　　d. それ

第7課　案内

(3) 将来この辺は_____便利になるでしょう。
　　a．たまに　　　b．よく　　　　c．もっと　　　　d．ほとんど
(4) _____お昼の時間になります。食堂に行きましょう。
　　a．それぞれ　　b．まず　　　　c．そろそろ　　　d．ぜんぜん
(5) 日本料理は_____でしたが、とてもおいしかったです。
　　a．最初　　　　b．初めて　　　c．まず　　　　　d．あとで
(6) A：何にしますか。
　　B：そうですね、ケーキと……_____、紅茶。
　　a．あれから　　b．それから　　c．これから　　　d．それで
(7) A：来週、一緒に万里の長城へ行きませんか。
　　B：はい、_____。
　　a．あまり　　　b．もっと　　　c．これから　　　d．ぜひ
(8) 週末はこの公園はいつも人で_____です。
　　a．たくさん　　b．ほとんど　　c．いっぱい　　　d．とっても
(9) ここから立派なホテルが_____ね。
　　a．見ます　　　b．あります　　c．見えます　　　d．作ります

4. 将句子（　）中的词语改成适当形式填在____上。

(1) 田中さんは去年_____になりました。（看護師）
(2) 日本語の授業はもっと_____なるでしょう。（楽しい）
(3) この店の味は_____なりました。（いい）
(4) 宿題が_____なりました。（多い）
(5) この町は、昔は静かでしたが、今は_____なりました。（にぎやかだ）
(6) 陳さんはまだ日本語学科の一年生です。難しい日本語は_____でしょう。（分かる）
(7) 12月になりました。これからもっと寒く_____でしょう。（なる）
(8) すみません。金曜日は_____んです。（会議）
(9) この店は海外でも_____んだよ。（有名だ）
(10) ここで、みんなで写真を_____ましょうか。（撮る）

5. 从a～d中选择正确答案。

(1) 学校の庭には花や木などがたくさん_____。
　　a．ある　　　　b．いる　　　　c．いた　　　　　d．いった

(2) 昔、王府井にはいつも人がおおぜい_____。
　　a．あった　　　　b．ある　　　　　c．いた　　　　　d．いった
(3) あの部屋には何も_____。
　　a．あった　　　　b．ある　　　　　c．あらない　　　d．ない
(4) あのアイドルは学生のなか_____有名です。
　　a．に　　　　　　b．で　　　　　　c．を　　　　　　d．が
(5) 私はコーヒー_____しますが、楊さんは何_____飲みますか。
　　a．に／に　　　　b．を／に　　　　c．に／を　　　　d．を／を
(6) ここから故宮_____見えます。
　　a．で　　　　　　b．を　　　　　　c．に　　　　　　d．が
(7) 暑いですね。アイスクリーム_____食べませんか。
　　a．が　　　　　　b．でも　　　　　c．や　　　　　　d．に
(8) 交流会は12時_____終わります（結束）。
　　a．まで　　　　　b．までに　　　　c．を　　　　　　d．が
(9) めがねはどこ_____ありましたか。
　　a．は　　　　　　b．に　　　　　　c．で　　　　　　d．が
(10) A：庭に誰_____いましたか。
　　　B：いいえ、誰もいませんでした。
　　a．が　　　　　　b．に　　　　　　c．か　　　　　　d．で
(11) あれから10年ですね。彼女はとても_____。
　　a．きれいになります　　　　b．きれくなります
　　c．きれいになりました　　　d．きれくなりました
(12) 高橋さんは明日は_____。
　　a．きないでしょう　　　　　b．くないでしょう
　　c．くるではないでしょう　　d．こないでしょう
(13) A：今晩一緒にお酒を飲みましょう。
　　　B：_____。そうしましょう。
　　a．いいですね　　　　　　　b．よかったですね
　　c．楽しいですね　　　　　　d．楽しかったですね
(14) A：明日一緒に王府井に_____。
　　　B：いいですね。行きましょう。
　　a．行きます　　　　　　　　b．行くですか
　　c．行きませんか　　　　　　d．行きますね

(15) これが有名な北京ダックです。＿＿＿＿、食べましょう。
    a．ああ   b．わあ   c．ええ   d．さあ

6. 从a～d中选出与例句意思相近的句子。

(1) 高橋さんのまえに王さんがいます。
    a．王さんは高橋さんのまえにいます。
    b．王さんは高橋さんのみぎにいます。
    c．王さんは高橋さんのうしろにいます。
    d．王さんは高橋さんのとなりにいます。

(2) 会長は午後5時半までここにいます。
    a．会長は6時にまだここにいます。
    b．会長は6時にもうここにいません。
    c．会長は5時にどこかへ行きます。
    d．会長は5時半までに家に帰ります。

(3) 来週からもっと忙しくなります。
    a．今週は忙しくありません。
    b．今週は忙しいです。
    c．来週は忙しくありません。
    d．来週は少し忙しいです。

(4) 今日、久しぶりに陳さんに会いました。
    a．私はいつも陳さんに会います。
    b．私はよく陳さんに会います。
    c．私は初めて陳さんに会いました。
    d．私はあまり陳さんに会いません。

7. 日语汉字学习——这些日语汉字应该怎么读？

(1) 水面   (2) 外観   (3) 主観   (4) 光年   (5) 室内   (6) 内科   (7) 転校
(8) 設立   (9) 木像   (10) 新茶   (11) 建設   (12) 新築   (13) 生産

Ⅱ. 听力

1. 听录音，仿照例子，根据录音内容判断正误。正确的画〇，错误的画×。

例（ × ）
(1) （　） (2) （　） (3) （　）
(4) （　） (5) （　） (6) （　）

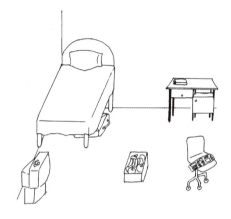

2. 听录音，仿照例子，根据录音内容选择正确答案。

例　__4__
(1) _____ (2) _____ (3) _____ (4) _____

例

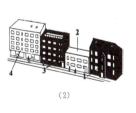
（2）

(1)

（3）

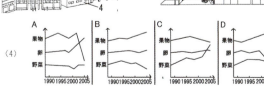
（4）

3. 听录音，仿照例子，根据录音内容选择正确答案。

例　__c__
(1) _____ (2) _____ (3) _____ (4) _____

第7課　案内

　Ⅲ．阅读

阅读下列文章，完成下面的问题。

（1）私の町は、東に大きな山があります。町の中心には駅と病院があります。私は海の近くに家を買いました。西側と北側の窓から海が見えます。海はとてもきれいです。

問題　请在下面四副图片中选出符合文章内容的一幅。（　　　）

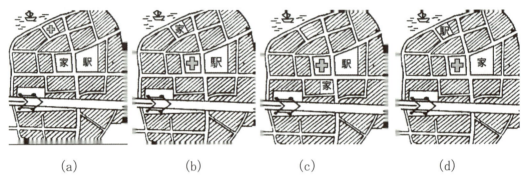

　　　　(a)　　　　　　　(b)　　　　　　　(c)　　　　　　　(d)

（2）先週の土曜日に家族とレストランに行きました。私と母は地下鉄で行きました。レストランは地下鉄の駅の近くで、とても便利でした。父はバスで来ました。私たちはそのレストランでマレーシア料理を食べました。レストランの正面にはホテルがあります。私はいつもそのホテルの中のカフェでコーヒーを飲みます。そのホテルは先月新しくなりました。建物はきれいになりましたが、カフェのコーヒーはまずくなりました。とても残念です。

問題　下面句子符合文章内容的画○，不符合的画×。

①（　　）私は地下鉄でレストランに行きました。

②（　　）ホテルでフランス料理を食べました。

③（　　）カフェのコーヒーはおいしいです。

文法のまとめ（第5—7課）

1. 助詞

助詞	意思	例句
を	客体	父は毎朝新聞を読みます。
	移动的范围	朝、公園を散歩しました。
	出発点	3時に大学を出ました。
で	动作的处所	私は毎晩図書館で勉強します。
	工具、手段	中国人は箸でご飯を食べます。
	范围	この店は中国でとても有名です。
が	主体	友達が来ました。
とか	举例	ゲームとかチャットをします。
に	目的地	李さんは食堂に行きました。
	时间（时点）	3時に行きましょう。
	対象	デパートで友達に会いました。
	附着点、到达点	ノートに名前を書いた。
	客体的处所	町に家を買った
と	相互动作的对象	友達といろいろなことを話しました。
	同一动作的参与者	高橋さんは王さんといっしょに図書館へ行きました。
か	虚指	教室に誰かいます。
	选择性并列	朝はパンかマントウを食べます。
へ	方向	李さんは夏休みに日本へ行きました。
でも	示例	お茶でも飲みませんか。
までに	期限	月曜日までに宿題を出してください。
も	全称否定	きのうは何も食べませんでした。
无助词现象		三年生の周さん{φ}、二等賞でしたね。

2. 动词

○日语的动词根据活用方式的不同分为3类

分类		特点	词例
Ⅲ类动词		不规则变化动词	（～）する　くる
Ⅱ类动词	词尾都是 u段假名	同时满足以下两个条件： 1. 最后一个假名是る 2. 倒数第二个假名为い段或え段	見る、食べる、起きる
Ⅰ类动词		包括以下两种： 1. 所有不以る结尾的动词 2. 以る结尾的动词中倒数第二个假名为あ、う、お段	洗う、書く、探す、待つ、遊ぶ、読む、終わる

○动词的活用变化

动词（以見る为例）	敬体	非过去	肯定	Vます→見ます
			否定	Vません→見ません
		过去	肯定	Vました→見ました
			否定	Vませんでした→見ませんでした
	简体	非过去	肯定	Vる→見る
			否定	Vない→見ない
		过去	肯定	Vた→見た
			否定	Vなかった→見なかった

○动词的敬体

动词类型	动词例	非过去肯定	非过去否定	过去肯定	过去否定
Ⅰ类动词	会う	会います	会いません	会いました	会いませんでした
	聞く	聞きます	聞きません	聞きました	聞きませんでした
	探す	探します	探しません	探しました	探しませんでした
	待つ	待ちます	待ちません	待ちました	待ちませんでした
	しぬ	しにます	しにません	しにました	しにませんでした
	遊ぶ	遊びます	遊びません	遊びました	遊びませんでした
	読む	読みます	読みません	読みました	読みませんでした
	始まる	始まります	始まりません	始まりました	始まりませんでした
Ⅱ类动词	見る	見ます	見ません	見ました	見ませんでした
	食べる	食べます	食べません	食べました	食べませんでした
Ⅲ类动词	する	します	しません	しました	しませんでした
	くる	きます	きません	きました	きませんでした

○动词的简体

动词类型	动词例	非过去肯定	非过去否定	过去肯定	过去否定
Ⅰ类动词	会う	会う	会わない	会った	会わなかった
	聞く	聞く	聞かない	聞いた	聞かなかった
	探す	探す	探さない	探した	探さなかった
	待つ	待つ	待たない	待った	待たなかった
	しぬ	しぬ	しなない	しんだ	しななかった
	遊ぶ	遊ぶ	遊ばない	遊んだ	遊ばなかった
	読む	読む	読まない	読んだ	読まなかった
	始まる	始まる	始まらない	始まった	始まらなかった
Ⅱ类动词	見る	見る	見ない	見た	見なかった
	食べる	食べる	食べない	食べた	食べなかった
Ⅲ类动词	する	する	しない	した	しなかった
	くる	くる	こない	きた	こなかった

○自动词与他动词

分类	是否需要宾语	可否与「～を」共现	例
自动词（不及物动词）	不需要	不可（表示移动、离开动作的自动词除外）	なる、分かる、会う、寝る、鳴る、怒る、集まる、足りる、乗る、歩く、始まる、登る、近づく、混む
他动词（及物动词）	需要	可	する、読む、食べる、見る、買う、調べる、飲む、着く、話す、集める、捜す

3. 其他

语法项目	意义	例句
Nのあと（で）	先后顺序	授業のあとでサッカーをします。
～に行く／来る	有目的移动	図書館へ本を借りに行きました。
Vましょう	建议	北京ダックを食べましょう。
Vましょうか	建议	北京ダックを食べましょうか。
Vませんか	建议	北京ダックを食べませんか。
N_1に(は)N_2が ある／いる	存在	公園に池があります。 池に魚がいます。

文法のまとめ（第5—7課）

续表

语法项目	意义	例句
N_1はN_2にある／いる	所在	映画館は大学の近くにあります。 王さんは図書館にいます。
～んです／～の（ん）だ／～のである	说明理由	今晩はテレビを見ません。明日テストがあるんです。
Nが見えます	可能	わたしの部屋から海が見えます。
Nになる A_Iくなる A_{II}になる	变化的结果	そろそろ12時になりますね。 寒くなりましたね。 肌がきれいになりましたよ。
Nにする	选择、决定	パーティーは日曜日にしました。
A_Iく／A_{II}に	形容词第一连用形	おいしく食べます。 きれいに使います。
～でしょう	推测	李さんは行かなかったでしょう。
～である	判断	北京は中国の首都である。
あの	指示	A：きのう駅前のラーメン屋に行きました。 B：あの店の味噌ラーメンはおいしいですね。
そこ	指示	この近くに有名なお店があるんです。そこへ行きませんか。
数量词+V	对象的量	大学の本屋で日本語の小説を3冊買いました。
ところで	转换话题	鄭さん、えらいですね。ところで、ご家族はお元気でしたか。
そして	顺序、累加	高橋さんは朝、5時に起きた。そして、6時に寮を出た。
全然～ません ほとんど～ません あまり～ません たまに ときどき よく 毎日 いつも	表示频率的时间副词与名词	全然コーヒーを飲みません。 ほんとどコーヒーを飲みません。 あまりコーヒーを飲みません。 たまにコーヒーを飲みます。 ときどきコーヒーを飲みます。 よくコーヒーを飲みます。 毎日コーヒーを飲みます。 いつもコーヒーを飲みます。

第8課　学生生活

 宿題

课前学习

1. 听录音，给汉字注音，并熟读这些单词。

   (1) 待つ _____　　(2) 言う _____

   (3) 終わる _____　　(4) 引く _____

   (5) 助かる _____　　(6) 自習室 _____

2. 日语动词的「て」形与「た」形的变化规律完全一样，来复习一下吧。

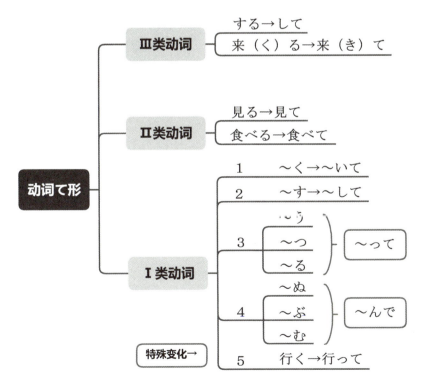

3. 仔细观察、梳理日语的完整体和持续体。

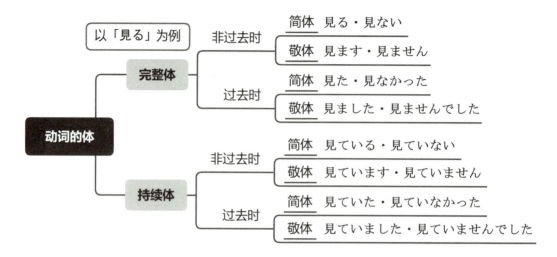

4. 仔细观察、体会本单元学习的「Ⅴている」的意义。

5. 仔细观察、体会助词「と」的意义。

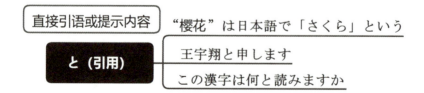

6. 请和同桌讨论以下4个句子的区别。

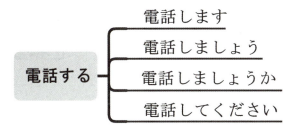

课后学习

1. 记录今天从其他同学那里学到的表达、观点等。

___

___

___

2. 学完第1单元，你能够做以下事情。请完成下列学习项目。

主动要做事情	
询问单词的意思、读法等	
感谢对方的帮助	

3. 对照本课的学习目标，完成下列自我检测卡，检测自己的达标情况。

学习目标	例句	达标情况
动词的第二连用形		
Vている（1）〈持续动作〉		
Vていた〈过去持续动作〉		
Vましょうか／Vましょう〈意志、征求同意〉		
って〈话题〉		
と〈引用〉		
动词的体		

第8課　学生生活

オンライン決済

课前学习

1. 听录音，推测下列外来词的意思。

(1) カード　　　　(2) カート　　　　(3) オンライン
(4) マイページ　　(5) ボタン　　　　(6) QRコード

2. 听录音，给汉字注音，并熟读这些单词。

(1) 方法 ＿＿＿＿＿＿　　(2) 夕食 ＿＿＿＿＿＿
(3) 銀行 ＿＿＿＿＿＿　　(4) 口座 ＿＿＿＿＿＿
(5) 金額 ＿＿＿＿＿＿　　(6) 暗証番号 ＿＿＿＿＿＿
(7) 登録 ＿＿＿＿＿＿　　(8) 入力 ＿＿＿＿＿＿
(9) 支払い ＿＿＿＿＿＿　(10) 決済 ＿＿＿＿＿＿
(11) 開く ＿＿＿＿＿＿　(12) 選ぶ ＿＿＿＿＿＿
(13) 入れる ＿＿＿＿＿＿　(14) 終わる ＿＿＿＿＿＿
(15) 始まる ＿＿＿＿＿＿　(16) 押す ＿＿＿＿＿＿
(17) 詳しい ＿＿＿＿＿＿　(18) 中国通 ＿＿＿＿＿＿

3. 仔细观察、体会两个「Vている」的意义和用法。

动作结果的存续/状态	授業は始まっています
Vている	李さんは来ています
	外（そと）は暗（くら）くなっています
	李さんの電話番号を知っていますか

4. 仔细观察、体会「Vません」与「Vていません」的区别。

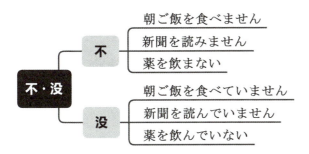

5. 动词「Vて」可以连接多个动词，表示连续动作。以下是一个钢琴教室学习的流程，试着说一下吧。

(1)	玄関に入る 挨拶をする		
(2)	靴を脱ぐ 靴をそろえる		
(3)	スリッパをはく		玄関
(4)	荷物を箱の中に入れる		
(5)	上着をハンガーにかける		
(6)	体温を測る	37℃以下〇 37℃以上×	
(7)	手洗い、うがい、消毒		洗面所
(8)	ピアノのレッスン		レッスン室
(9)	レッスン後・もう一度手洗い・消毒		洗面所
(10)	玄関で上着を着る		玄関
(11)	靴をはく・さようなら		

第8課　学生生活

智能手机操作相关表达

タッチパネル（touch panel）④触屏
入力（にゅうりょく）⓪输入
タップ（tap）①点击
ピンチアウト（pinch out）④滑动放大
長押し（ながおし）⓪长按
ダブルタップ（double tap）④双击

スワイプ（swipe）②滑动
削除（さくじょ）①删除
フリック（flick）②快速滑动
ピンチイン（pinch in）④滑动缩小
ドラッグ（drag）②拖动

课后学习

1. 记录今天从其他同学那里学到的表达、观点等。

_____
_____
_____

2. 学完第2单元，你能够做以下事情。请完成下列学习项目。

叙述简单的操作方法	
叙述事情的先后顺序	

3. 对照本课的学习目标，完成下列自我检测卡，检测自己的达标情况。

学习目标	例句	达标情况
Vている（2）〈结果状态〉		
Nがわかる〈理解〉		
もうVた〈已完成〉		
まだVていない〈未完成〉		
V_1て、V_2て、V_3ます〈连续动作〉		

4. 请根据下图说明普通购物与网购的流程。

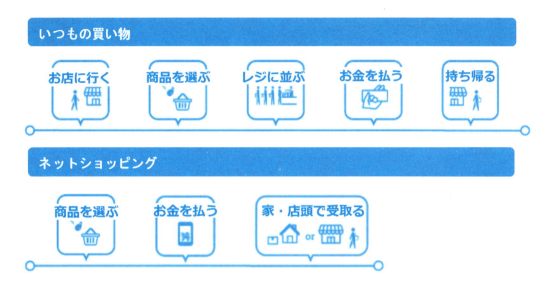

第8課　学生生活

ユニット 3　報告書

课前学习

1. 听录音，给汉字注音，并熟读这些单词。

(1) 教室　＿＿＿＿＿＿＿＿　　(2) 部屋　＿＿＿＿＿＿＿＿
(3) 寮　＿＿＿＿＿＿＿＿　　(4) 全体　＿＿＿＿＿＿＿＿
(5) 予習　＿＿＿＿＿＿＿＿　　(6) 復習　＿＿＿＿＿＿＿＿
(7) 報告　＿＿＿＿＿＿＿＿　　(8) 世話　＿＿＿＿＿＿＿＿
(9) 音読　＿＿＿＿＿＿＿＿　　(10) 時限　＿＿＿＿＿＿＿＿
(11) 教える　＿＿＿＿＿＿＿＿　　(12) 習う　＿＿＿＿＿＿＿＿
(13) 座る　＿＿＿＿＿＿＿＿　　(14) 起きる　＿＿＿＿＿＿＿＿
(15) 空き時間　＿＿＿＿＿＿＿＿

2. 仔细观察、体会「Vている」以下3种不同的用法。

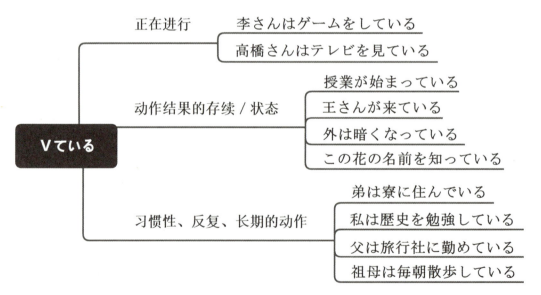

3. 仔细观察、体会「～に～がある」与「～で～がある」的区别。

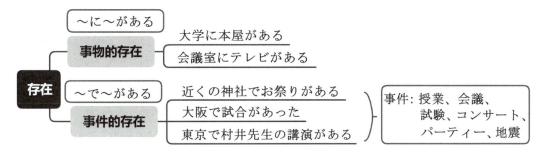

课后学习

1. 记录今天从其他同学那里学到的表达、观点等。

_____

_____

_____

2. 学完第3单元，你能够做以下事情。请完成下列学习项目。

了解邮件的基本格式	
描述自己的生活	

3. 对照本课的学习目标，完成下列自我检测卡，检测自己的达标情况。

学习目标	例句	达标情况
Vている（3）〈习惯、反复动作〉		
N₁で（は）N₂がある〈事件的存在〉		
Vて〈并列〉		

实力挑战

🎧 听录音，回答问题。

第8課　学生生活

自我检测

文法リスト

- Vている（1）〈持续动作〉
- Vている（3）〈习惯、反复动作〉
- もうVた〈已完成〉
- V₁て、V₂て、V₃ます〈连续动作〉
- 动词的体
- Vましょうか／Vましょう〈意志、征求同意〉
- って〈话题〉
- N₁で（は）N₂がある〈事件的存在〉

- Vている（2）〈结果状态〉
- ていた〈过去持续动作〉
- まだVていない〈未完成〉
- Vて〈并列〉
- 动词的第二连用形
- と〈引用〉
- Nがわかる

単語帳

クリック　ファイル　オンライン決済　カード　ルームメイト　ベンチ
夕食　金額　暗証番号　支払い　終わり　中国通　国々　大多数　自習室　二人部屋
空き時間　3時限目　毎週　ご無沙汰
決済　入力　報告　予習　充実
言う　習う　教える　選ぶ　入れる　引く　助かる　かかる　押す　できる　経つ
住む　座る
詳しい　もう　まだ　さっき　ずっと　もしもし　-通　それでは

ギター　スキャン　スープ　パンダ　QRコード　テープ　ボタン　コピー機　コピー
スピード　マントウ
お金　お皿　荷物　八百屋　さしみ　歌　電気　計画　今朝　ふた　お湯　受話器
電源　再生　枚数　全員　声　法律　冷蔵庫
洗う　歌う　決める　始める　取る　置く　働く　やる　走る　弾く　払う　並べる
愛する　つく　売る　勤める　通う　運ぶ　サボる　電気がつく

Ⅰ. 文字・词汇・语法

1. 写出下列画线部分汉字的正确读音。

(1) ここで少し<u>待</u>ちましょう。
(2) これが寮の<u>電話番号</u>です。
(3) 私の<u>趣味</u>はテニスです。
(4) 僕は今アメリカ留学を<u>考</u>えています。
(5) 王さんと一緒に<u>食堂</u>で<u>夕食</u>を食べました。
(6) 私は先月の<u>末</u>に北京に来ました。
(7) 昨日は<u>予習</u>をしませんでした。
(8) 私の大学生活を<u>報告</u>します。
(9) 母は小学校で音楽を<u>教</u>えています。
(10) 大学生活はとても<u>充実</u>しています。

(1)	(2)
(3)	(4)
(5)	(6)
(7)	(8)
(9)	(10)

2. 将下列画线部分改写成汉字。

(1) 兄はラーメン屋で<u>はたら</u>いています。
(2) 31ページを<u>ひら</u>いてください。
(3) みんな好きな歌を<u>えら</u>んで、練習しています。
(4) 午後の授業は何時に<u>おわ</u>りますか。
(5) 銀行に<u>こうざ</u>を作りました。
(6) 友達は日本で日本画を<u>なら</u>っています。
(7) <u>あんしょうばんごう</u>を忘れました。
(8) 旅行の<u>けいかく</u>はまだ決まっていません。
(9) 高橋さんは今中国で<u>がんば</u>っています。
(10) 日本に来て半年<u>た</u>ちました。

(1)	(2)
(3)	(4)
(5)	(6)
(7)	(8)
(9)	(10)

3. 从a～d中选择正确答案。

(1) "点击"は日本語で_____と言います。
    a. ツール   b. スプーン   c. クリック   d. ポインター
(2) 高橋さんの_____も日本人留学生です。
    a. タバコ   b. フォーク   c. デパート   d. ルームメイト

(3) 彼は今_____でオンラインゲームをしています。
　　a．クリック　　　b．ギター　　　c．ファイル　　　d．パソコン
(4) 授業は_____始まっていません。
　　a．また　　　　　b．まだ　　　　c．もう　　　　　d．たまに
(5) 香山の紅葉はとてもきれいでした。来年も_____行きたいです。
　　a．また　　　　　b．まだ　　　　c．ずっと　　　　d．いつも
(6) 大学の近くにおもしろいお店がありますよ。_____一緒に行きましょう。
　　a．さっき　　　　b．けっこう　　c．いつ　　　　　d．いつか
(7) 果物をたくさん買いました。お金は_____ありません。
　　a．もっと　　　　b．まだ　　　　c．そろそろ　　　d．もう
(8) ご飯が_____。さあ、食べましょう。
　　a．おわりました　b．まちました　c．できました　　d．とりました
(9) 姉は近くの病院に_____います。
　　a．はらって　　　b．あわせて　　c．つとめて　　　d．はたらいて
(10) あの時のことをまだ_____いますか。
　　a．きめて　　　　b．おぼえて　　c．すんで　　　　d．えらんで
(11) 私の家から学校までバスで10分ぐらい_____。
　　a．います　　　　b．いれます　　c．かかります　　d．おちます
(12) テレビが_____います。
　　a．ついて　　　　b．つけて　　　c．あいて　　　　d．あけて

4. **仿照例子完成下列动词的变化。**

起きる	起きて	起きます	起きない
言う			
引く			
働く			
消す			
待つ			
運ぶ			
呼ぶ			
住む			
座る			

续表

助かる			
覚える			
教える			
する			
来る			

5. 从a～d中选择正确答案。

(1) 鈴木さんは図書館_____働いています。

　　a．に　　　　　b．で　　　　　c．へ　　　　　d．から

(2) 日本語の歌のＣＤはどこ_____売っていますか。

　　a．を　　　　　b．で　　　　　c．へ　　　　　d．から

(3) 高橋さんは中国人の学生_____日本語を教えています。

　　a．に　　　　　b．で　　　　　c．か　　　　　d．から

(4) Ａ：私_____部屋の掃除をしましょうか。

　　Ｂ：じゃ、お願いします。

　　a．まで　　　　b．に　　　　　c．が　　　　　d．を

(5) "逃课"は日本語で何_____言いますか。

　　a．と　　　　　b．で　　　　　c．が　　　　　d．を

(6) 会議は何時_____終わりますか。

　　a．まで　　　　b．で　　　　　c．に　　　　　d．が

(7) 今日の授業はこれ_____終わります。

　　a．に　　　　　b．で　　　　　c．と　　　　　d．から

(8) Ａ：もしもし、王さんですか。私、あと30分ぐらいで着きます。

　　Ｂ：わかりました。じゃ、_____ね。

　　a．待ちません　b．待っています　c．待ちました　d．待っていました

(9) 番組はまだ_____んですか。

　　a．始まる　　　b．始まっている　c．始まった　　d．始まっていない

(10) 王さんは小さいころからずっと北京に_____。

　　a．住みます　　b．住んでいます　c．住みました　d．住みています

第8課　学生生活

6. 从方框中选择一个选项填在横线上，将每组对话补充完整。

> どうですか　けっこうです　ぜひ　わあ　お願いします　もしもし
> すごいですね　少し　そうですね　あれ　助かりました

（1）（打电话）

A：＿＿＿＿＿＿＿＿、田中さんですか。鈴木です。

B：あっ、鈴木さん。こんにちは。

A：今、鄭さんと卓球をしているんですが、田中さんも一緒に＿＿＿＿＿＿＿＿。

B：いいですね。＿＿＿＿＿＿＿＿。

A：じゃ、待っています。

（2）A：もう昼ご飯の時間ですね。一緒に食べに行きませんか。

B：ええ、でも、あと＿＿＿＿＿＿＿＿です。今、発表の原稿を書いているんです。

（3）A：それでは、パーティーを始めましょうか。

B：そうですね。＿＿＿＿＿＿＿＿、高橋さんは？

A：さっき、ここにいましたよ。電話しましょうか。

B：＿＿＿＿＿＿＿＿。じゃ、お願いします。

（4）A：鈴木さん、これは何と読みますか。

B：「しゅくだい」です。

A：「しゅくだい」ですね。＿＿＿＿＿＿＿＿。ありがとうございました。

（5）A：この近くに有名なお店があるんですが、一緒に行きませんか。

B：＿＿＿＿＿＿＿＿、いいですね。行きましょう。

（6）A：えっ？　この本全部読んだのですか。

B：ええ。おもしろかったですよ。

A：王さん、＿＿＿＿＿＿＿＿。

（7）A：手伝いましょうか。

B：すみません。＿＿＿＿＿＿＿＿。

（8）A：案内しましょうか。

B：いいえ、＿＿＿＿＿＿＿＿。

7. 仿照例子连线，组成正确的词组。

コップ	弾く	部屋	掃除する
タバコ	あく	電気	座る
ドア	割れる	お金	サボる
ギター	引く	お湯	払う
テレビ	落ちる	電話	沸く
ボタン	吸う	電源	かける
フォーク	押す	授業	入れる
机	並べる	駅	着く
大きい箱	運ぶ	椅子	勤める
友達	待つ	会社	乗る
辞書	消す	飛行機	つく

8. 将（ ）里的词语改成适当形式填写在____上。

(1) A：いつ結婚しますか。
　　B：まだ、（考える）_____。
(2) 昨日は一日中図書館で（勉強する）_____。
(3) 将来のことはあまり（考える）_____。
(4) 授業はもう（始まる）_____よ。
(5) 昨日李さんと喫茶店で（お茶を飲む・話をする）_____。
(6) 兄は今アメリカに（行く）_____。
(7) 私は北京の大学で日本語を（勉強する）_____。
(8) A：クラスの班長はもう（決まる）_____。
　　B：まだ、（決める）_____。

9. 日语汉字学习——这些日语汉字应该怎么读？

(1) 食堂　(2) 成長　(3) 作文　(4) 画像　(5) 通訳
(6) 新人　(7) 意見　(8) 室内　(9) 朝食　(10) 各自

143

第 8 課　学生生活

 Ⅱ. 听力

1. 听录音，仿照例子选择正确答案。

例　　b

(1) _____　　(2) _____　　(3) _____　　(4) _____　　(5) _____

2. 听录音，仿照例子给图片排列顺序。

例：学校へ行く前に何をしましたか。

　　c　→　a　→　b

　(a) (　)　　　　(b) (　)　　　　(c) (　)

(1) Bさんは、今から何をしますか。

_____ → _____ → _____

　(a) (　)　　　　(b) (　)　　　　(c) (　)

(2) 昨日は何をしましたか。

→ _____ → _____ → _____ → _____ →
→ _____ → _____

　(a) (　)　　(b) (　)　　(c) (　)　　(d) (　)

　　　　(e)　(　)　　　　　(f)　(　)　　　　　(g)　(　)

3. 听录音，仿照例子完成下表。

パーティー参加者	
張さん	例：①
李さん	
王さん	
川口さん	
山下さん	

Ⅲ. 阅读

阅读下列文章，根据文章内容回答问题。

　　7月になりました。日本はまだ夏休みではありませんが、中国はもう夏休みです。私は7月1日から北京のアニメ制作の会社でアルバイトをしています。この会社では1万人ぐらい働いています。大きな会社です。会社では新聞をコピーします。コピーのときは、まずコピーする文章を決めます。それから、新聞をコピー機に置いて、枚数を決めて、ボタンを押します。昨日はコピーする文章が多くて、一日中コピーをしていました。

質問：

(1) 7月は何をしていますか。

(2) 北京の会社はどんな会社ですか。

(3) 会社で何をしますか。

(4) 昨日は何をしましたか。

第9課　買い物

ショッピングモールで

课前学习

1. 听录音，推测下列外来词的意思。

(1) ショッピングモール　　(2) チャイナドレス
(3) セット　　　　　　　　(4) シルク
(5) グラム　　　　　　　　(6) ハンカチ
(7) ブラウス　　　　　　　(8) ジャスミン（茶）
(9) パーセント

2. 听录音，给汉字注音，并熟读这些单词。

(1) 色＿＿＿＿＿＿　　　　(2) 暗い＿＿＿＿＿＿
(3) 地味＿＿＿＿＿＿　　　(4) お土産＿＿＿＿＿＿
(5) 漢方薬＿＿＿＿＿＿　　(6) 栄養剤＿＿＿＿＿＿
(7) 天然成分＿＿＿＿＿＿　(8) 紹興酒＿＿＿＿＿＿
(9) 蛇＿＿＿＿＿＿　　　　(10) 鹿＿＿＿＿＿＿
(11) 皮＿＿＿＿＿＿　　　 (12) 角＿＿＿＿＿＿
(13) 茶器＿＿＿＿＿＿　　 (14) 刺繍＿＿＿＿＿＿
(15) 試着＿＿＿＿＿＿　　 (16) 持つ＿＿＿＿＿＿

3. 仔细观察、学习动词能动态的变化方式。

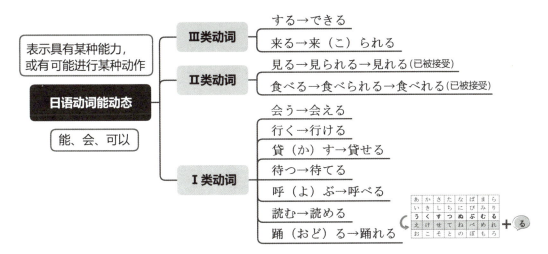

4. 仔细观察、体会日语动词表示愿望的「Ｖたい」的意义、接续和用法。

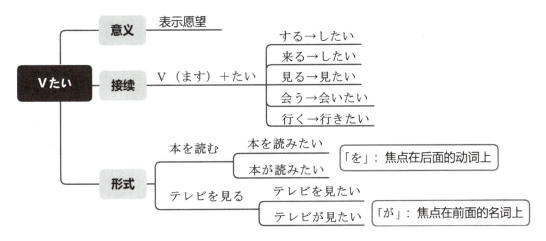

第9課　買い物

5. 仔细观察、体会「Nがほしい」的意义和用法。

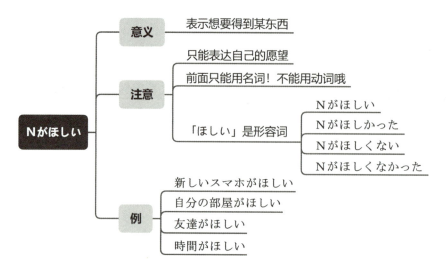

6. 仔细观察形式名词「の」的意义和用法。

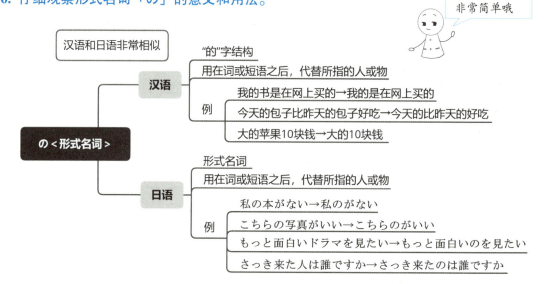

与汉语很像，非常简单哦

7. 仔细观察、体会动词词组名词化的「の」的新的用法。

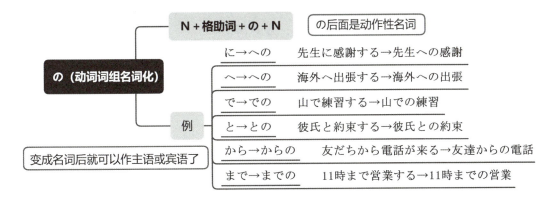

8. 仔细观察、推测表示原材料的「で」和「から」的不同。

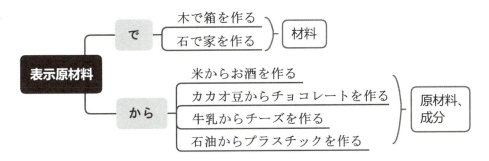

9. 仔细观察、体会接续助词「が」的意义和用法。

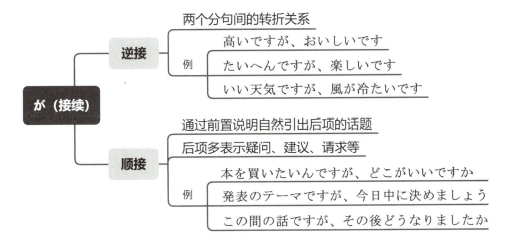

10. 用汉语整理一下买东西常用的表达方式，查一查日语如何表达，并分享给大家。

第9課　買い物

课后学习

1. 记录今天从其他同学那里学到的表达、观点等。

   _____
   _____
   _____
   _____

2. 学完第1单元，你能够做以下事情。请完成下列学习项目。

请求帮助	
购物	
简单的销售	

3. 对照本课的学习目标，完成下列自我检测卡，检测自己的达标情况。

学习目标	例句	达标情况
动词的能动态		
Nができる〈能力〉		
Vたい〈愿望〉		
Nがほしい〈愿望〉		
形式名词「の」		
N_1（＋格助词）のN_2〈动词词组名词化〉		
で〈限定(数量)〉		
で〈材料〉		
から〈原材料、成分〉		
が〈顺接〉		
それに〈并列、累加〉		

4. 你觉得哪些中国的特产可以作为礼物推荐给日本朋友？简单介绍他们的特征？

お土産	特徴

第9課　買い物

 2 家電量販店で

课前学习

1. 听录音，给汉字注音，并熟读这些单词。

(1) 人気　＿＿＿＿＿＿＿＿　　(2) 商品　＿＿＿＿＿＿＿＿

(3) 日本円　＿＿＿＿＿＿＿＿　(4) 電子辞書　＿＿＿＿＿＿＿＿

(5) 見せる　＿＿＿＿＿＿＿＿　(6) 働く　＿＿＿＿＿＿＿＿

(7) 勤める　＿＿＿＿＿＿＿＿　(8) 売る　＿＿＿＿＿＿＿＿

(9) 日英　＿＿＿＿＿＿＿＿　　(10) 日中英　＿＿＿＿＿＿＿＿

(11) 家電量販店　＿＿＿＿＿＿＿＿

2. 仔细观察思维导图，学习「Ｖてください」。

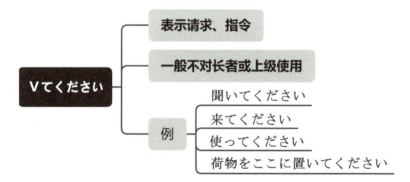

3. 仔细观察、体会表示主观多量的「も」，体会说话人的主观色彩。

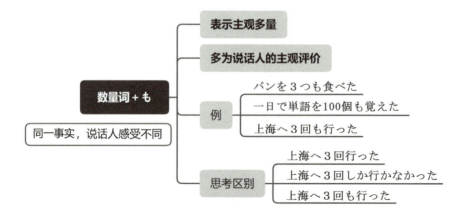

4. 仔细观察、体会表示限定的「だけ」和「Nしか～ない」的意义和用法。

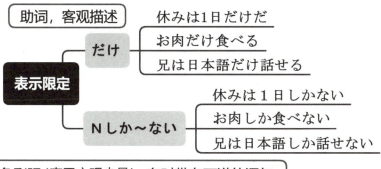

课后学习

1. 记录今天从其他同学那里学到的表达、观点等。

_____
_____
_____
_____

2. 学完第2单元，你能够做以下事情。请完成下列学习项目。

购物	
销售产品	

3. 对照本课的学习目标，完成下列自我检测卡，检测自己的达标情况。

学习目标	例句	达标情况
Ｖてください〈请求〉		
Ｎをください〈索要〉		
数量词＋も〈主观多量〉		
だけ〈限定〉		
しか～ない〈限定、主观少量〉		
～でございます〈判断（礼貌）〉		
いくら〈疑问(价格)〉		

第9課　買い物

4. 请梳理用日语购物时需要用到的表达方式。

招呼售货员	
寻找想要的商品	
问商品	
试穿	
问价格	
问是否含税	
决定购买	
请求包装	
支付	
离开	

電子辞書の取り扱い説明書

课前学习

1. 听录音，给汉字注音，并熟读这些单词。

   (1) 基本　＿＿＿＿＿＿　　(2) 種類　＿＿＿＿＿＿
   (3) 文字　＿＿＿＿＿＿　　(4) 使用　＿＿＿＿＿＿
   (5) 画面　＿＿＿＿＿＿　　(6) 操作　＿＿＿＿＿＿
   (7) 保管　＿＿＿＿＿＿　　(8) 本体　＿＿＿＿＿＿
   (9) 電源　＿＿＿＿＿＿　　(10) 電池　＿＿＿＿＿＿
   (11) 入力　＿＿＿＿＿＿　　(12) 拡大　＿＿＿＿＿＿
   (13) 中日　＿＿＿＿＿＿　　(14) 訳語　＿＿＿＿＿＿
   (15) 上下　＿＿＿＿＿＿　　(16) 元　＿＿＿＿＿＿
   (17) 取り扱い　＿＿＿＿＿＿　　(18) 説明書　＿＿＿＿＿＿
   (19) 必ず　＿＿＿＿＿＿　　(20) お買い上げ　＿＿＿＿＿＿
   (21) 削除　＿＿＿＿＿＿　　(22) 間違い　＿＿＿＿＿＿
   (23) 選ぶ　＿＿＿＿＿＿　　(24) 切る　＿＿＿＿＿＿
   (25) 現れる　＿＿＿＿＿＿　　(26) 替える　＿＿＿＿＿＿
   (27) 消す　＿＿＿＿＿＿　　(28) 動かす　＿＿＿＿＿＿
   (29) 切り戻す　＿＿＿＿＿＿

2. 仔细观察、体会日语动词的连用形。

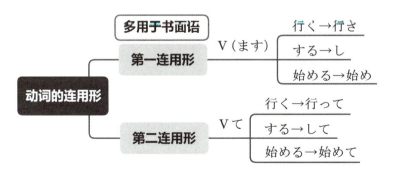

3. 仔细观察、体会日语表示可能的表达方式。

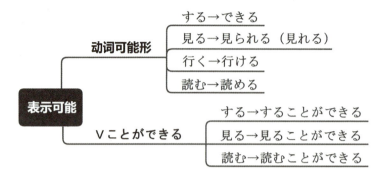

4. 仔细观察、体会「ずつ」的意思。

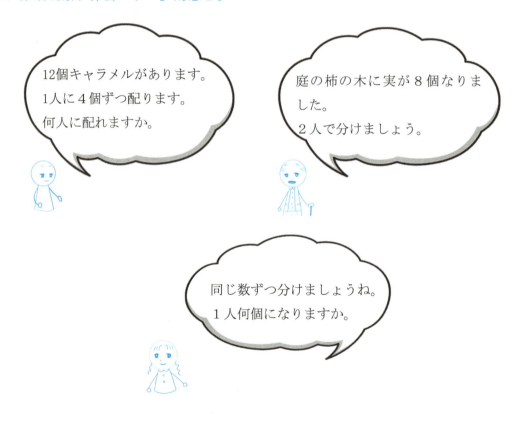

ユニット3　電子辞書の取り扱い説明書

课后学习

1. 记录今天从其他同学那里学到的表达、观点等。

   _____
   _____
   _____

2. 学完第3单元，你能够做以下事情。请完成下列学习项目。

读懂简单的产品说明书	

3. 对照本课的学习目标，完成下列自我检测卡，检测自己的达标情况。

学习目标	例句	达标情况
Vることができる〈可能〉		
动词的第一连用形表示并列		
ずつ〈等量〉		

4. 思考一下自己的目标（このようになりたい），以及为实现目标想采取的行动（そのための方法・頑張りたいこと、努力したいこと），完成下表。

	このようになりたい	そのための方法・頑張りたいこと、努力したいこと
例	きれいな日本語を話したい。	毎日読む・聞く練習をする。
(1)		
(2)		
(3)		
(4)		
(5)		

实力挑战

你陪妈妈在日本的商店买东西。你来做翻译。

好好表现吧

第9課　買い物

自我检测

文法リスト

- 动词的第一连用形表示并列
- Nができる＜能力＞
- Vたい＜愿望＞
- Nしか～ない＜限定、主观少量＞
- Vてください＜请求＞
- 形式名词「の」
- で＜限定（数量、时间）＞
- が＜顺接＞
- それに＜并列、累加＞
- 数量词＋も＜主观多量＞
- ～でございます＜判断（礼貌）＞
- 动词的能动态
- Vることができる＜可能＞
- Nがほしい＜愿望＞
- だけ＜限定＞
- Nをください＜索要＞
- N_1（＋格助词）のN_2＜动词词组名词化＞
- で＜材料＞
- から＜原材料、成分＞
- ずつ＜等量＞
- いくら＜疑问（价格）＞

単語帳

ショッピングモール　チャイナドレス　チャイナ　ドレス　シルク　ブラウス　ハンカチ　ジャスミン　グラム　セット　キー　ローマ字　モード　パーセント
漢方薬　栄養剤　栄養　天然　成分　鹿　角　へび　皮　中国茶　茶器　刺繍　紹興酒　商品　円　お探し　店員　最後　基本　種類　取り扱い　説明書　お買い上　本体　単4電池　電池　中日　切り替え　入力後　訳語　元　大きさ　画面　上下　使用後　間違い　電子辞書　和英　英和　辞典　日中英　－か国語　－か国　いくら　ください　そちら　いかが
使用　保管　拡大　操作　削除　試着
持つ　する　見せる　現れる　戻す　動かす　切る　消す
ほしい　いろんな　もっと　一緒　すてき　地味　必ず　それに

スポーツ　カメラ　ノート　コップ　プラスチック　レシピ　ワイン　ウーロン茶　消しゴム　ドル　フランス　イタリア
米　木　紙　石　肉　傘　漫画　自転車　りんご　えんぴつ　切手　製品　ぶどう　石油　電子書籍　書籍　美術館　飲食店　駅前　移動手段　画像　外国語学部　外国語　外国　毎月
移動　制作　編集　加工　質問
休む　覚える　立つ　合わせる　開ける　泳ぐ　貯める
軽い　丈夫　上手

Ⅰ. 文字・词汇・语法

1. 写出下列画线部分汉字的正确读音。

(1) 日本では、野球は<u>人気</u>があります。
(2) 漢字は表意<u>文字</u>です。
(3) 桜にはいろいろな<u>種類</u>があります。
(4) 知・徳・体が教育の<u>基本</u>です。
(5) あの歌はちょっと<u>暗</u>いですね。
(6) この<u>説明書</u>を保管してください。
(7) <u>熱</u>いのは200円で、<u>冷</u>たいのは150円です。
(8) 来年も<u>必</u>ず来てくださいね！
(9) すみません、消しゴムを<u>貸</u>してください。
(10) そのキーを押すと、<u>訳語</u>が<u>現</u>れます。

(1)	(2)
(3)	(4)
(5)	(6)
(7)	(8)
(9)	(10)

2. 将下列画线部分写成汉字。

(1) <u>おくれて</u>、すみません。
(2) みかんにはどんな<u>えいよう</u>があるのですか。
(3) 日本の<u>おみやげ</u>がほしいんですが……。
(4) このお菓子、<u>いろ</u>がきれいですね。
(5) 誰にでも<u>まちがい</u>はあります。
(6) <u>さいご</u>に紹興酒をください。
(7) このパソコンは薄くて<u>かるい</u>です。
(8) この雑誌は日本の<u>でんとう</u>文化を紹介しています。
(9) 画面を上下に<u>うごかして</u>ください。
(10) <u>もと</u>に<u>もど</u>してください。

(1)	(2)
(3)	(4)
(5)	(6)
(7)	(8)
(9)	(10)

3. 从a～d中选择正确答案。

(1) ＿＿＿＿を5枚ください。
　　a. ハンカチ　　b. シルク　　c. スキャン　　d. ジュース
(2) このスカートは＿＿＿＿がいいです。
　　a. グラム　　b. チャイナ　　c. ブラウス　　d. デザイン

第9課　買い物

(3) 石油から_____を作ります。
　　a．プラスチック　　b．スキャン　　　c．アメリカドル　　d．ジャスミン

(4) 傘を_____ください。
　　a．いっさつ　　　b．いちまい　　　c．いっぽん　　　d．いちだい

(5) 日本語学科の事務室は_____にあります。
　　a．いちだい　　　b．いっとう　　　c．いっぷん　　　d．いっかい

(6) A：この教科書、ちょっと_____くださいね。
　　B：はい、どうぞ。
　　a．見て　　　　b．見せて　　　c．見えて　　　d．見られて

(7) ええっ？　この本、2000円も_____んですか。
　　a．かける　　　b．買う　　　　c．する　　　　d．できる

(8) 暑い！　何か_____ものが飲みたいですね。
　　a．かるい　　　b．ちかい　　　c．からい　　　d．つめたい

(9) 父はすぐ_____きますので少々お待ちください。
　　a．もどって　　b．ためて　　　c．うごかして　　d．おくれて

(10) お正月には_____帰るから、いっしょに温泉に行きましょう。
　　　a．まだ　　　　b．もっと　　　c．ずっと　　　d．かならず

4. 仿照例子完成下列动词的变化。

話す	話したい	話せる	話してください
会う			
行く			
貸す			
立つ			
遊ぶ			
読む			
作る			
入る			
帰る			
食べる			
来る			
する			

5. 从a～d中选择正确答案。

(1) 電子辞書_____買いたい。
　　a．に　　　b．で　　　c．が　　　d．から

(2) 私は日本語_____電話をかけることができます。
　　a．を　　　b．で　　　c．が　　　d．は

(3) もっと安い_____ほしいのですが。
　　a．のか　　b．のに　　c．のが　　d．のを

(4) 田中さんはフランス語_____わかります。
　　a．を　　　b．で　　　c．が　　　d．に

(5) このチャイナドレスは姉_____お土産です。
　　a．への　　b．での　　c．にの　　d．がの

(6) この化粧品は天然成分_____できています。
　　a．から　　b．に　　　c．を　　　d．と

(7) お酒は紹興酒_____しましょう。
　　a．を　　　b．で　　　c．が　　　d．に

(8) 石_____家を作りました。
　　a．から　　b．で　　　c．を　　　d．と

(9) A：すみません、駅に行きたいんです_____。
　　B：駅ですね。まっすぐ行ってください。それから……
　　a．よ　　　b．が　　　c．ね　　　d．か

(10) あの店員は日本語_____英語_____できます。
　　a．も、も　　b．が、が　　c．と、と　　d．で、で

(11) 駅まで5分_____行けます。
　　a．が　　　b．に　　　c．で　　　d．を

(12) その子はいつもチョコレートを_____。
　　a．食べたい　　　　　b．食べたがっています
　　c．食べたいです　　　d．食べたかったです

(13) 交流会の参加者はほとんど2年生で、3年生は一人_____来ませんでした。
　　a．だけ　　b．でも　　c．から　　d．しか

(14) 姉はフランス語を_____ことができます。
　　a．話す　　b．話し　　c．話して　　d．話した

(15) 私は_____がほしいです。
　　a．旅行　　b．勉強　　c．時間　　d．買い物

第9課　買い物

6. 正确排列a～d的顺序，选择最适合的选项填入　★　。

(1) ___ ___ ★ ___ありませんか。

　　a. 短い　　　b. は　　　c. もっと　　　d. の

(2) ___ ★ ___ ___は茶器セットです。

　　a. の　　　　b. おみやげ　c. 両親　　　　d. へ

(3) 鈴木さん、明日___ ★ ___ ___か。

　　a. 来られます　b. 10時　　c. に　　　　　d. まで

(4) その部屋 ★ ___ ___ ___ですか。

　　a. も　　　　b. いい　　c. に　　　　　d. 入って

(5) ___ ___ ★ ___か。

　　a. お探し　　b. を　　　c. です　　　　d. 電子辞書

(6) ___ ___ ★ ___が作れます。

　　a. ギョーザ　b. 1時間　　c. おいしい　　d. で

7. 从a～d中选出与例句意思相近的句子。

(1) 家から学校までバスで2時間もかかります。

　　a. 家から学校までは遠いです。

　　b. 家から学校までは近いです。

　　c. 家から学校まではあまり遠くないです。

　　d. 家から学校まではぜんぜん遠くないです。

(2) 昨日きれいなハンカチを何枚か買いました。

　　a. 昨日きれいなハンカチをたくさん買いました。

　　b. 昨日きれいなハンカチを何枚も買いました。

　　c. 昨日きれいなハンカチを多く買いました。

　　d. 昨日きれいなハンカチをすこし買いました。

(3) 名前は平仮名かローマ字で書いてください。

　　a. 平仮名だけ使うことができます。

　　b. ローマ字だけ使うことができます。

　　c. 平仮名とローマ字と、どちらも使うことができます。

　　d. 平仮名とローマ字と、どちらも一緒に使うことができます。

(4) もっと軽いパソコンがほしいです。

　　a．今のパソコンは重いです。

　　b．今のパソコンは軽いです。

　　c．今のパソコンはたいへん重いです。

　　d．今のパソコンはぜんぜん軽くないです。

(5) これは母からの手紙です。

　　a．母から手紙がきました。

　　b．母に手紙を送りました。

　　c．母に手紙を書きました。

　　d．母がよく手紙を書きます。

(6) たまにしか手紙を書きません。

　　a．よく手紙を書きます。

　　b．もちろん手紙を書きます。

　　c．手紙しか書きません。

　　d．ほとんど手紙を書きません。

8. 日语汉字学习——这些日语汉字应该怎么读？

(1) 友情　　(2) 家電　　(3) 試食　　(4) 商業　　(5) 品種
(6) 安心　　(7) 薬品　　(8) 管理　　(9) 体験　　(10) 入学

Ⅱ. 听力

1. 听录音，仿照例子选择正确答案。

例　　a

(1) ＿＿　(2) ＿＿　(3) ＿＿　(4) ＿＿　(5) ＿＿　(6) ＿＿

2. 听录音，仿照例子选择正确答案。

(1) 例：コーヒーをいくつ買いましたか。　　　1杯　・　2杯

　　　冷たいコーヒーを買いましたか。　　　　はい　・　いいえ

　　　ケーキを買いましたか。　　　　　　　　はい　・　いいえ

第9課　買い物

(2) 二人はいま何をしていますか。　　　　　散歩　・　買い物
　　劉さんは座りたいですか。　　　　　　　はい　・　いいえ
　　これから二人は休憩しますか。　　　　　はい　・　いいえ

(3) 何の使用説明をしていますか。　　　　　テレビ　・　ゲーム機
　　ゲーム機にセットするものは何ですか。　ソフト　・　画面
　　どのキーを押すとゲームが始まりますか。赤いキー・　青いキー

3. 他们在说什么？仿照例子找出与录音内容有关的图片。

　　例　　d
　(1) ＿＿＿　　(2) ＿＿＿　　(3) ＿＿＿　　(4) ＿＿＿

　　(a)　　　　　　(b)　　　　　　(c)　　　　　　(d)　　　　　　(e)

Ⅲ. 阅读

关于网上购物你认同以下哪些观点？请和同学一起讨论。

<u>ネットショッピングを利用する理由</u>
- ○ 実店舗に行かなくても買い物ができるから
- ○ 24時間いつでも買い物ができるから
- ○ 実店舗よりも安く買えるから
- ○ 実店舗よりも品揃えが豊富だから
- ○ 実店舗に行く時間がないから
- ○ 買いたいものを検索機能などですぐ探し出すことができ、時間の節約になるから
- ○ 対面の接客を受けるのが苦手だから
- ○ ショッピングサイトに掲載された商品へのレビューを参照して購入できるから
- ○ 自宅に持ち帰るのが大変な重いものが手軽に買えるから
- ○ ポイントの対象商品が多いから

<u>ネットショッピングを利用しない理由</u>
- ○ 決済手段のセキュリティに不安があるから
- ○ ネットショッピング事業者の信頼性が低いから
- ○ 実店舗で実物を見たり触ったりして購入したいから
- ○ 今までネットショッピングを利用しなくても特に困らなかったから
- ○ いますぐほしい商品の購入には実店舗のほうが便利だから
- ○ なじみの店舗のほうが買いやすいから
- ○ オンライン決済がわからないから
- ○ ネットショッピングでは店員から情報を得ることができないから
- ○ ショッピングサイトへの登録が面倒だから
- ○ 商品や販売者が多すぎて、どれを選んでいいかわからないから
- ○ ネットショッピングでは店舗や街を歩く楽しみが得られないから
- ○ ネットショッピングでは商品を買いすぎてしまう心配があるから
- ○ ネットショッピングでは自分のほしいものを扱っていないから
- ○ ネットショッピングの仕組みがよくわからないから

出典：総務省「社会課題解決のための新たなICTサービス・技術への人々の意識に関する調査研究」
（平成27年）

第10課　ルールとマナー

寮のルール1

课前学习

1. 听录音，推测下列外来词的意思。

(1) ルール　　　　　　　　(2) マナー
(3) ポスター　　　　　　　(4) テレビドラマ
(5) ノート　　　　　　　　(6) スポーツ
(7) カメラ　　　　　　　　(8) ワイン
(9) プラスチック　　　　　(10) ハンバーグ

2. 听录音，给汉字注音，并熟读这些单词。

(1) 声　＿＿＿＿＿＿　　　(2) 窓　＿＿＿＿＿＿
(3) 歌う　＿＿＿＿＿＿　　(4) 知る　＿＿＿＿＿＿
(5) 歩く　＿＿＿＿＿＿　　(6) 違う　＿＿＿＿＿＿
(7) 届く　＿＿＿＿＿＿　　(8) 入る　＿＿＿＿＿＿
(9) 貼る　＿＿＿＿＿＿　　(10) 捨てる　＿＿＿＿＿＿
(11) 当たり前　＿＿＿＿＿＿　(12) 覚える　＿＿＿＿＿＿
(13) 立つ　＿＿＿＿＿＿　　(14) 貯める　＿＿＿＿＿＿

3. 仔细观察、体会表示允许的「Vてもいい」的意义、接续和用法。

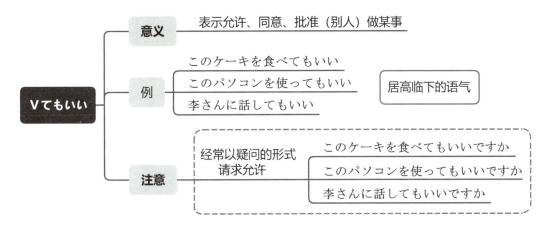

4. 仔细观察、体会表示禁止的「Vてはいけない」的意义、接续和用法。

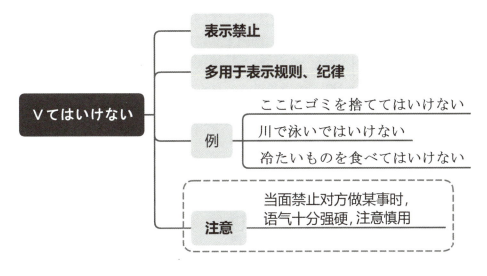

5. 仔细观察、体会表示否定性请求的「Vないでください」的意义和用法。

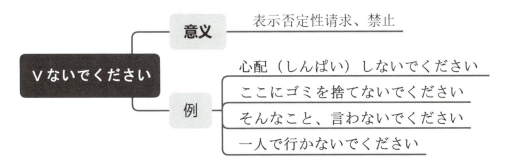

6. 仔细观察例句，体会「とき」前面的动词的"时"与句子意义的关系。

(1) 日本ではご飯を**食べる**とき「いただきます」と言う。

(2) 日本ではご飯を**食べた**とき「ごちそうさまでした」と言う。

(3) 道を**歩いている**とき、地震が起きた。

(4) 意味が**分からない**とき、兄に聞きます。

7. 仔细观察、体会表示原因、理由的「から」的意义和用法。

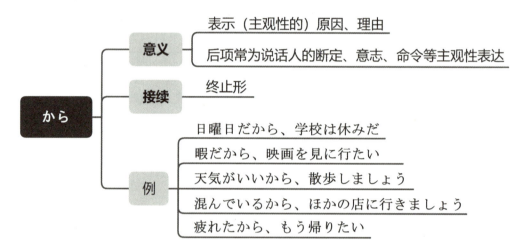

8. 试着说出这几个标识的意思。

课后学习

1. 记录今天从其他同学那里学到的表达、观点等。

ユニット1　寮のルール1

2. 学完第1单元，你能够做以下事情。请完成下列学习项目。

提出请求	
拒绝	
安慰	
谈论规则	

3. 对照本课的学习目标，完成下列自我检测卡，检测自己的达标情况。

学习目标	例句	达标情况
Vてもいい〈允许〉		
Vてはいけない〈禁止〉		
から〈原因、理由〉		
Vないでください〈否定性请求〉		
Vている／Vないとき（に）〈时点〉		

第10課　ルールとマナー

2　寮のルール２

课前学习

1. 听录音，给汉字注音，并熟读这些单词。

(1) 靴　_____　　(2) 音　_____
(3) 失礼　_____　(4) 邪魔　_____
(5) 続き　_____　(6) 以降　_____
(7) 決める　_____ (8) 付き合う　_____

2. 仔细观察、体会「Vなくてもいい」的意义和用法。

```
Vてもいい（允许，可以做）

Vなくてもいい ─ 意义 ─ （否定性允许）不必要。可以不做~
            └ 例 ─ 名前を書かなくてもいい
                   薬（くすり）を飲まなくてもいい
                   休みの日は会社へ行かなくてもいい
                   10年後のことは考えなくてもいい
                   知らなくてもいいことは知りたくない
```

对于你来说什么事情是可做可不做的呢？请写下3条。

(1) _____
(2) _____
(3) _____

3. 仔细观察、体会「Vなくてはならない」系列句型的意义和用法。

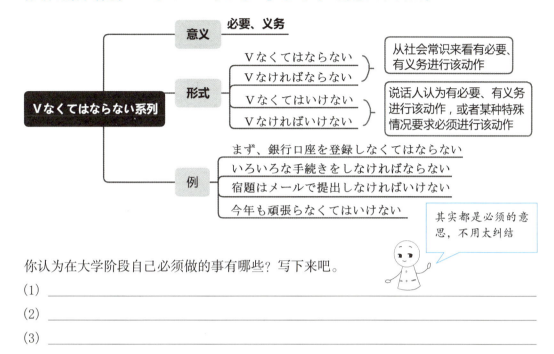

你认为在大学阶段自己必须做的事有哪些？写下来吧。

(1) _____

(2) _____

(3) _____

4. 仔细观察、体会「Nにする／A₁くする／A₂にする」的意义和用法。

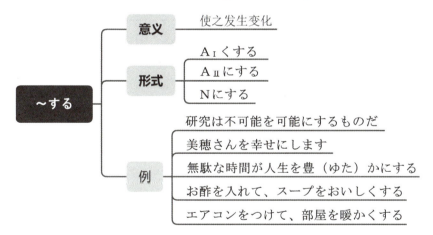

第10課　ルールとマナー

5. 仔细观察、体会表示确认的「でしょう」的意义和用法。

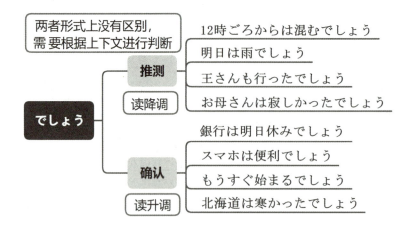

6. 仔细观察、体会「とき」前动词的"时"与意义的关系。

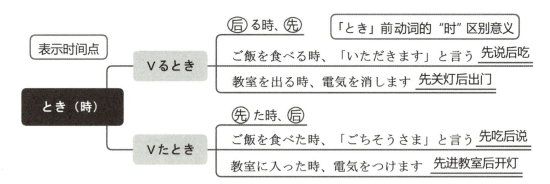

课后学习

1. 记录今天从其他同学那里学到的表达、观点等。

_____

_____

_____

_____

2. 学完第2单元，你能够做以下事情。请完成下列学习项目。

拜访朋友的家	
说明义务	

ユニット2　寮のルール2

3. 对照本课的学习目标，完成下列自我检测卡，检测自己的达标情况。

学习目标	例句	达标情况
Vなくてもいい〈不必要〉		
Vる／Vたとき（に）〈时点〉		
Vなくては（なければ）いけない／Vなくては（なければ）ならない〈必要、义务〉		
Nにする／A₁くする／A₁₁にする〈使之发生变化〉		
どうして〈原因(疑问)〉		
〜でしょう〈确认〉		

4. 说一说使用互联网注意的事项。

　　例　インターネットのマナー
　　　　○自分のことは自分で守らなければなりません。
　　　　○パスワードを人に教えてはいけません。

第10課　ルールとマナー

 食事のマナー—日中比較

课前学习

1. 听录音，给汉字注音，并熟读这些单词。

(1) 縦　＿＿＿＿＿　　(2) 横　＿＿＿＿＿
(3) 文化　＿＿＿＿＿　(4) 習慣　＿＿＿＿＿
(5) 意味　＿＿＿＿＿　(6) 比較　＿＿＿＿＿
(7) 食事　＿＿＿＿＿　(8) 乾杯　＿＿＿＿＿
(9) 違い　＿＿＿＿＿　(10) 互いに　＿＿＿＿＿
(11) ご飯　＿＿＿＿＿　(12) 麺類　＿＿＿＿＿
(13) 長い　＿＿＿＿＿　(14) 短い　＿＿＿＿＿
(15) 始める　＿＿＿＿＿　(16) 終わり　＿＿＿＿＿
(17) 残す　＿＿＿＿＿　(18) 刺す　＿＿＿＿＿
(19) 立てる　＿＿＿＿＿　(20) 隣人　＿＿＿＿＿

2. 仔细观察、体会「Nについて」的意义和用法。

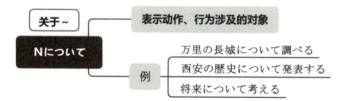

3. 仔细观察、体会「～と言う」的意义和用法。

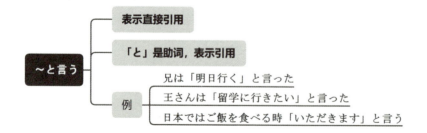

4. 仔细观察、体会表示部分否定的「は」的意义和用法。

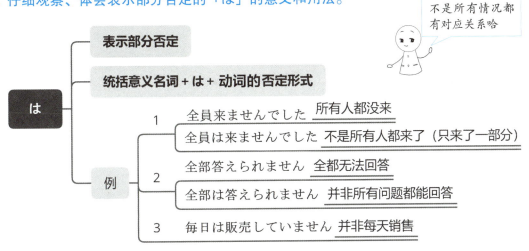

5. 仔细观察、体会表示方向的「に」的意义和用法。

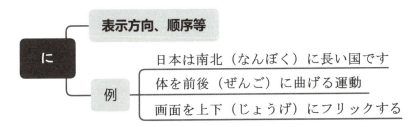

6. 本单元我们将学习中日用餐习惯的对比，整理一下你所了解的中日用餐习惯。

中国

日本

第10課　ルールとマナー

7. 你认为生活习惯是否有好坏之分呢？请写下你的想法。

_____
_____
_____

课后学习

1. 记录今天从其他同学那里学到的表达、观点等。

_____
_____
_____
_____

2. 学完第3单元，你能够做以下事情。请完成下列学习项目。

对事物进行比较	
介绍中国饮食习惯	
介绍日本饮食习惯	

3. 对照本课的学习目标，完成下列自我检测卡，检测自己的达标情况。

学习目标	例句	达标情况
Nについて／Nについての		
～と言う〈直接引语〉		
に〈状态〉		
は〈部分否定〉		
～からだ〈原因、理由〉		

实力挑战

🎧 听录音，将录音内容翻译成汉语。

自我检测

文法リスト

- Vてもいい〈允许〉
- Vなくてもいい〈不必要〉
- Vてはいけない〈禁止〉
- Vないでください〈否定性请求〉
- Vなくては（なければ）いけない／Vなくては（なければ）ならない〈必要、义务〉
- Vる／Vたとき（に）〈时点〉
- Vている／Vないとき（に）〈时点〉
- ～でしょう〈确认〉
- ～と言う〈直接引语〉
- Nにする／A₁くする／A₂にする〈使之发生变化〉
- から〈原因、理由〉
- ～からだ〈原因、理由〉
- に〈状态〉
- は〈部分否定〉
- どうして〈原因(疑问)〉
- Nについて／Nについての〈相关〉

単語帳

ルール　マナー　ポスター　センチ　アジア　マージャン
気　音　靴　箸　食事　ご飯　ごちそう　麺類　ごみ　縦　横向き　習慣　隣人
以降　違い　どちら　続き　しかた
じゃま　失礼　比較　乾杯
届く　知る　貼る　捨てる　違う　脱ぐ　付き合う　つける　刺す　立てる　残す
気にする　気をつける
短い　互いに　当たり前　もう　どうして　しかたがない　しかし　このよう

テスト　カンニング　タバコ　ビデオ　メモ　ケーキ
外　湖　粟　道　嘘　火　そば　赤ちゃん　値段　風邪　門限　横断歩道　歩道
落とし物　交番　学生証　以外　使い方　女子
約束　利用　運転　相談　横断　残業　出席　けんか
痛い　遅い　辛い　甘い　大切
遅れる　破る　貸す　吸う　離れる　渡る　やせる　連れる　別れる　返す
風邪を引く

第10課　ルールとマナー

 Ⅰ. 文字・词汇・语法

1. 写出下列画线部分汉字的正确读音。

(1) 将来、日本と関係のある<u>仕事</u>をしたいです。
(2) 困ったときは、先生や友達に<u>相談</u>してください。
(3) 董さんは<u>風邪</u>で学校を休んだ。
(4) 私たちはお<u>互</u>いに<u>尊重</u>しなければならない。
(5) 王さんは明日の会議に<u>出席</u>するでしょう。
(6) 風邪は治ったから、もう<u>薬</u>を飲まなくてもいい。
(7) 寮の部屋にポスターを<u>貼</u>ってはいけない。
(8) 日本に行く前に、日本の文化や<u>習慣</u>について調べます。
(9) では、昨日の<u>続</u>きを話しましょう。
(10) きちんと<u>約束</u>を守らなければなりません。

2. 将下列画线部分改写成汉字。

(1) <u>くつ</u>を買いたいから、デパートに行きました。
(2) 中国ではお<u>はし</u>をどこに置きますか。
(3) ここにごみを<u>す</u>てないでください。
(4) 世界にはたくさんの国があり、それぞれ言葉が<u>ちが</u>います。
(5) まず、線を<u>たて</u>に引いてください。
(6) では、ジュースで<u>かんぱい</u>しましょう。
(7) 友人とバス停のところで<u>わか</u>れた。
(8) 先週注文した本が<u>とど</u>いた。
(9) 給料は2000元を自分用にして、<u>のこ</u>り全部を母に送った。
(10) 古い文化を<u>たいせつ</u>にしたい。

3. 从a～d中选择正确答案。

(1) 私は毎晩寝る前に_____を浴びている。
　　a．センチ　　　b．クイズ　　　c．シャワー　　　d．マージャン
(2) 部屋に_____を貼ってはいけない。
　　a．ドラマ　　　b．ポスター　　c．クリスマス　　d．カンニング

178

(3) 野球の_____がよく分からない。
　　a. チップ　　　b. ルール　　　c. ビデオ　　　d. パスワード
(4) 友だちを_____しています。
　　a. いたく　　　b. あまく　　　c. 大切に　　　d. 地味に
(5) あそこの橋を_____ください。郵便局は道路の左側にあります。
　　a. 渡って　　　b. 歩いて　　　c. 走って　　　d. 乗って
(6) ゴミはここに_____ください。
　　a. ひかないで　b. すごさないで　c. すてないで　d. とまらないで
(7) ご飯を_____全部食べましょう。
　　a. 刺さないで　b. 残さないで　c. 破らないで　d. 離れないで
(8) _____帰らなくちゃ。
　　a. ずっと　　　b. ようやく　　c. それぞれ　　d. そろそろ
(9) 麺類を食べるとき、日本では_____食べてもいいです。
　　a. 音を立てて　b. 音が立って　c. 声を立てて　d. 声が立って
(10) 車に_____くださいね。
　　a. 気にして　　b. 気をつけて　c. 気に入って　d. 気につけて

4. 在下列（　）里填入适当的助词。每个（　）填一个假名。不必要的地方画×。

(1) 音（　）もう少し大きくしてもいいですか。
(2) 「乾杯」と言う言葉（　）（　）、全部飲みましょうの意味がある。
(3) A：毎日運動をしますか。
　　B：いいえ、毎日（　）しません。ときどきします。
(4) 車が高速道路（　）走っている。
(5) 姉は会社の先輩（　）付き合っています。
(6) ここ（　）写真を貼ってください。
(7) 会議が始まる前にエアコンをつけて部屋（　）暖かくしましょう。
(8) たくさんありますが、どれか一つ（　）決めてください。
(9) 日本では、皆で「いただきます」と言ってから食事（　）始める。
(10) 授業がないときは、どの教室（　）（　）自由に使うことができます。
(11) まず、縦（　）線を引いてください。

第10課　ルールとマナー

5. 从a〜d中选择正确答案。

(1) 会議では日本語で_____なくてはいけませんか。
　　a. 話し　　　b. 話す　　　c. 話さ　　　d. 話せ

(2) 部屋を_____とき、電気を消してください。
　　a. 出　　　　b. 出る　　　c. 出た　　　d. 出て

(3) 今度_____とき、お金を返します。
　　a. あう　　　b. あった　　c. あっている　d. あわない

(4) 仕事が終わっていないから、残業_____なりません。
　　a. しない　　b. しなく　　c. しないでは　d. しなくては

(5) もう少し_____してください。
　　a. 安い　　　b. 安く　　　c. 安くて　　　d. 安かった

(6) この気持ちをいつまでも_____したいと思います。
　　a. 大切　　　b. 大切だ　　c. 大切な　　　d. 大切に

(7) まだ小学生_____、難しい漢字は読めません。
　　a. から　　　b. ですから　c. ですが　　　d. でしたから

(8) 李さん、高さんのメールアドレスを_____か。
　　a. 知ります　b. 知りました　c. 知っています　d. 知っていません

(9) 私たちの寮には男性は_____いけません。
　　a. 入る　　　b. 入って　　c. 入っても　　d. 入っては

(10) 明日の会議を_____くださいね。
　　a. 忘れない　b. 忘れなく　c. 忘れないで　d. 忘れなかった

6. 正确排列a〜d的顺序，选择最适合的选项填入___★___。

(1) ___ ___ ___ ★ 飲みます。
　　a. ジュース　b. にして　　c. りんご　　　d. を

(2) 日本では___ ★ ___ ___を横向きに置く。
　　a. ぐらい　　b. の　　　　c. 20センチ　　d. 短い箸

(3) 日本では___ ___ ★ ___、お酒を全部は飲まなくてもいい。
　　a. と　　　　b. とき　　　c. 言った　　　d. 「乾杯」

(4) 中国と日本とでは、___ ___ ___ ★ がある。
　　a. いろいろな　b. に　　　c. 食事のマナーや習慣　d. 違い

(5) ___ ___ ___ ★___なりません。

　　a．寮へ　　　　b．までに　　　　c．11時　　　　d．帰らなければ

(6) ___ ★___ ___ ___ご飯に刺してはいけない。

　　a．どこの　　　b．お箸　　　　　c．国でも　　　　d．を

(7) 机___ ___ ★___ ___ましょう。

　　a．に　　　　　b．横　　　　　　c．並べ　　　　　d．を

(8) ___ ___ ___ ★___。

　　a．届きました　b．から　　　　　c．お土産が　　　d．母

(9) 中村さんは___ ★___ ___ ___です。

　　a．人　　　　　b．に　　　　　　c．立っている　　d．あそこ

(10) ___ ___ ★___ ___を集めています。

　　a．について　　b．資料　　　　　c．の　　　　　　d．日本文化

7. 从a～d中选出意思与例句最相近的一项。

(1) 今日は月曜日ですね。レポートはあさってまでに出さなければなりませんよ。

　　a．木曜日に出してもいいです。

　　b．火曜日に出してもいいです。

　　c．今週中に出してもいいです。

　　d．今日出さなければなりません。

(2) ちょっと暗いのですが……。

　　a．「電気を消してください」と言いたい。

　　b．「電気をつけてください」と言いたい。

　　c．「部屋が暗くなりました」と言いたい。

　　d．「部屋を暗くしてください」と言いたい。

(3) 女子学生の寮に男子学生が入ってはいけません。

　　a．女子学生の寮に男子学生は入れません。

　　b．女子学生の寮に男子学生は入りません。

　　c．女子学生の寮に男子学生が入ってもいいです。

　　d．女子学生の寮に男子学生が入らなければいけません。

(4) 発表者は1人に決めました。

　　a．誰も発表しません。

　　b．1人だけ発表します。

　　c．2人発表してもいいです。

　　d．1人で発表の内容を決めました。

第10課　ルールとマナー

8. 日语汉字学习——这些日语汉字应该怎么读？

{ 音 / 発音 }　　{ 人 / 日本人 }　　{ 隣 / 隣人 }　　{ 聞きとる / 新聞 }　　{ 会う / 会社 }

{ 使う / 使用 }　　{ 書く / 辞書 }　　{ 来る / 来週 }　　{ 見る / 見学 }　　{ 話す / 電話 }

Ⅱ. 听力

1. 听录音，仿照例子选择正确答案。

(1) _____　　(2) _____　　(3) _____　　(4) _____

2. 听录音，在考试中可以使用的东西下画〇，不可以使用的画×。

a　　b　　c　　d　　e　　f

3. 听录音，仿照例子选择正确答案。

例　a

(1) _____　　(2) _____　　(3) _____

a　　b　　c　　d

Ⅲ. 阅读

以下是一个家庭的手机使用规则。你家对使用手机有什么要求吗?

我が家のスマホのルール

○ 大切なことは直接会って話をする。

○ 知らない人との情報交換はしない。

○ 問題があったら、すぐに周囲の人に相談する。

○ SNSなどに人が不快になるようなことを書かない。

○ 人の画像や個人情報は勝手に書かない。

○ SNSなどを使うときはよく確認をしてから使う。

○ 夜10時以降は使わない。

○ ながらスマホをしない（歩きながら、自転車に乗りながら、食べながら、話しながら、勉強しながら）。

文法のまとめ（第8—10課）

1. 助詞

助詞	意义	例句
と	引用	これは日本語で何と言うんですか。
って	话题	鈴木さんってどんな人ですか。
で	限定（数量）	300元でシルクのが買えます。
	原材料	木で箱を作りました。
から	原材料、成分	牛乳からチーズを作ります。
	原因、理由	天気がいいから、散歩しましょう。
も	主观多量	ビールを5本も飲みました。
は	部分否定	全部は飲まなくてもいいです。
の	动词词组名词化	これは母へのプレゼントです。
	形式名词	300元でシルクのが買えます。
だけ	限定	これは日英だけの辞書ですか。
しか	限定	これは日英しかない辞書ですか。
ずつ	等量	一人一つずつ質問しました。
が	顺接	おみやげが買いたいんですが、どこがいいですか。
に	状态	長い箸を縦に置く。

2. 动词

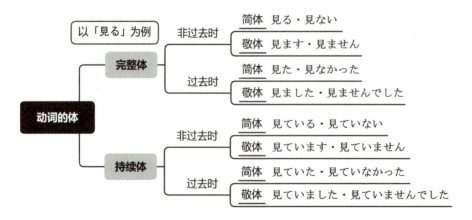

文法のまとめ（第8—10課）

动词的连用形	第一连用形（Vます）书面语	行く→行き　食べる→食べ　読む→読み
	第二连用形（Vて）	行く→行って　食べる→食べて　読む→読んで

日语动词能动态（表示具备某种能力或有可能进行某种动作）	Ⅲ类动词	する→できる	
		来る→来（こ）られる	
	Ⅱ类动词	食べる→食べられる・食べれる	去掉る＋られる
		見る→見られる・見れる	去掉る＋れる
	Ⅰ类动词	会う→会える	
		待つ→待てる	词尾 u→e＋る
		読む→読める	

Vている	持续动作（某一动作正在进行）	父はお茶を飲んでいる
	结果的状态（变化结果的持续或状态）	王さんはもう来ている
		映画が始まっている
		兄は日本に行っている
	习惯、反复进行的动作（习惯性的动作、反复进行的动作，以及长期进行的动作）	大学の寮に住んでいる
		毎朝ニュース番組を見ている
		最近、テレビを見ていません

3. 其他

语法项目	意义	例句
もうVた	已完成	タイトルはもう決めましたか。
まだVていない	未完成	タイトルはまだ決めていません。
Vていた	过去持续动作	さっき、自習室で勉強していました。
V₁て、V₂て、V₃ます	连续动作	朝起きて、運動して、食事をして、会社へ行きます。
Vていて	中顿	将来のことを考えていて、舞台と関係のある仕事がしたいと思っています。
Vたい	愿望	おいしいものが食べたい。
Vましょうか／Vましょう	意志、征求同意	電話しましょうか。
Vてください	请求	日本語を教えてください。
Nをください	索要	ビールを２本ください。

文法のまとめ（第8-10課）

续表

语法项目	意义	例句
Nができる	能力、可能	日本語ができます。
Vることができる	能力、可能	高橋さんは中国語を話すことができます。
Nがわかる	理解	母はフランス語がわかります。
Vてもいい	允许	試着してもいいですか。
Vてはいけない	禁止	教室でタバコを吸ってはいけない。
Vないでください	否定性请求	教室でタバコを吸わないでください。
Vなくてもいい	不必要	靴を脱がなくてもいいです。
Vなくては（なければ）いけない	必要、义务	靴を脱がなくてはいけない。
Vなくては（なければ）ならない	必要、义务	靴を脱がなくてはならない。
Nにする／A_Iくする／A_{II}にする	使之发生变化	山田さんを留学生会長にしました。 音を大きくしてください。 教室をきれいにしてください。
Vる／Vたとき（に）	时点	ご飯を食べるとき、いただきますと言います。 ご飯を食べたとき、ごちそうさまと言います。
Vている／Vないとき（に）	时点	赤ちゃんが寝ているとき静かにしてください。
Nがほしい	愿望	友達がほしいです。
～と言う	直接引语	ご飯を食べるとき、いただきますと言います。
Nしか～ない	限定、主观少量	父はスポーツ番組しか見ません。
～でしょう	确认	王さんも行くでしょう？
どうして	原因（疑问）	どうして食べないのですか。
Nについて／Nについての	相关	日本文化について調べています。
いくら	疑问（价格）	これはいくらですか。
～からだ	原因、理由	日曜日はどこへも行きません。ゆっくり休みたいからです。
～でございます	判断（礼貌）	お手洗いは2階でございます。
それに	并列、累加	日本語ができる店員さんもいますよ。それに僕も一緒です。

第11課　京劇と歌舞伎

ユニット1　誘いの電話

课前学习

1. 听录音，给汉字注音，并熟读这些单词。

(1) 人間　＿＿＿＿＿＿　　(2) 学校　＿＿＿＿＿＿

(3) 話　＿＿＿＿＿＿　　(4) 誘い　＿＿＿＿＿＿

(5) 京劇　＿＿＿＿＿＿　　(6) 舞台　＿＿＿＿＿＿

(7) 劇場　＿＿＿＿＿＿　　(8) 正門　＿＿＿＿＿＿

(9) 開演　＿＿＿＿＿＿　　(10) 演目　＿＿＿＿＿＿

(11) 本当　＿＿＿＿＿＿　　(12) 大好き　＿＿＿＿＿＿

(13) 実は　＿＿＿＿＿＿　　(14) 夕ご飯　＿＿＿＿＿＿

(15) 誘う　＿＿＿＿＿＿　　(16) 立つ　＿＿＿＿＿＿

(17) 通う　＿＿＿＿＿＿　　(18) 当たり前　＿＿＿＿＿＿

(19) 天津　＿＿＿＿＿＿　　(20) 前門　＿＿＿＿＿＿

(21) 白蛇伝　＿＿＿＿＿＿　　(22) 青蛇　＿＿＿＿＿＿

2. 观察、体会动词连体形的意义和用法。

李さんはよく喫茶店に行きます

　　　　＝

　　　その喫茶店はとても静かです

　　　　↓

李さんがよく行く喫茶店はとても静かです。

187

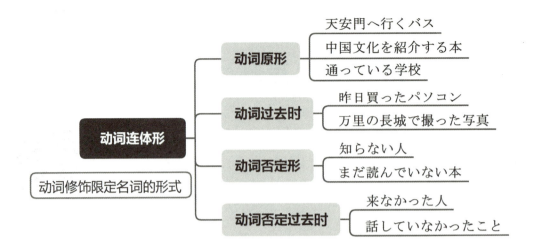

3. 仔细观察、体会表示引用的「という」的意义和用法。

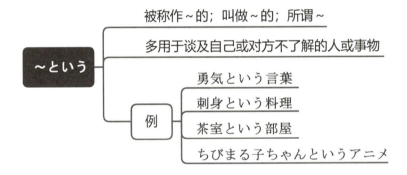

4. 仔细观察、体会助词「で」的第6个用法。

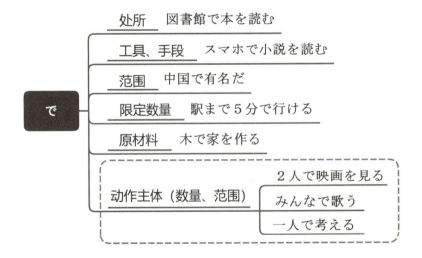

5. 在日语中，往往用一个形容词（或形容词短语）就可以描述说话人当时的感受。

6. 以下是一个打电话的场景。你认为在进入正式内容之前，横线处需要说什么呢？

高橋：もしもし。

王　　：もしもし、高橋さん、王です。

高橋：あ、王さん。こんばんは。

王　　：＿＿＿＿＿＿＿＿＿＿＿＿＿＿＿。

课后学习

1. 记录今天从其他同学那里学到的表达、观点等。

第11課　京劇と歌舞伎

2. 学完第1单元，你能够做以下事情。请完成下列学习项目。

打电话的礼貌	
邀请（并说明原因）	
商量见面的时间、地点	
受到邀请时的回应	
表示十分期待	

3. 对照本课的学习目标，完成下列自我检测卡，检测自己的达标情况。

学习目标	例句	达标情况
动词的连体形		
感情、感觉形容词		
～というN＜命名＞		
で＜动作主体的数量、范围＞		

ユニット2　高橋さんの夢

课前学习

1. 听录音，给汉字注音，并熟读这些单词。

(1) 将来　＿＿＿＿＿＿　　(2) 影響　＿＿＿＿＿＿
(3) 興味　＿＿＿＿＿＿　　(4) 応援　＿＿＿＿＿＿
(5) 実際　＿＿＿＿＿＿　　(6) 関係　＿＿＿＿＿＿
(7) 得意　＿＿＿＿＿＿　　(8) 苦手　＿＿＿＿＿＿
(9) 芝居　＿＿＿＿＿＿　　(10) 歌舞伎　＿＿＿＿＿＿
(11) 宝塚　＿＿＿＿＿＿　　(12) 出演　＿＿＿＿＿＿
(13) 例えば　＿＿＿＿＿＿　　(14) 詳しい　＿＿＿＿＿＿
(15) 出合う　＿＿＿＿＿＿　　(16) 演じる　＿＿＿＿＿＿

2. 仔细观察、学习比较的表达方法。

比較

- A和B哪一个更加～
  AとBと(では)どちら(のほう)が～
  - 北京と上海とではどちらが広いですか
  - 漫画とアニメとではどちらのほうが人気がありますか
  - 中国語と日本語とではどちらが難しいですか

- A比B更加～
  AはBより～
  - 北京は上海より寒いです
  - 日本語は英語よりやさしいです

- 与B相比A更加～
  BよりAのほうが～
  - 北海道より東京のほうが暖かいです
  - ラーメンよりチャーハンのほうが好きです

- A和B一样
  ～AもBも(どちらも)同じくらい～
  - パンもご飯も同じぐらい好きです
  - 英語も日本語も同じくらい難しいです

- 在A（范围）中B最～
  (Aの中で) Bがいちばん～
  - 果物ではリンゴがいちばんおいしい
  - 1週間では火曜日がいちばん忙しいです

> 虽然绕来绕去，但只要看清助词，其实很清晰哦

3. 仔细观察、体会本单元将学习的两个「に」意义和用法。

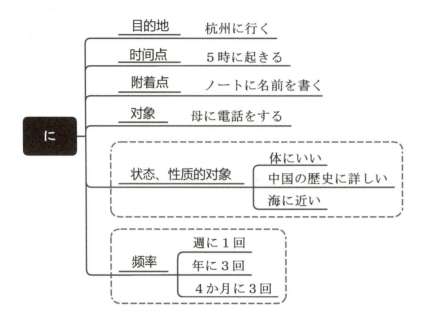

4. 仔细观察、体会连体修饰语从句中表示主语的「が」替换成「の」的用法。

5. 仔细观察、体会动词名词化的「の」的用法。

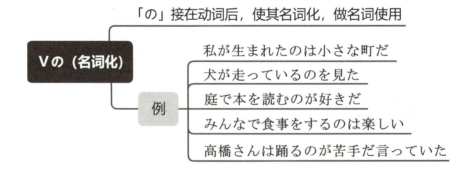

6. 你了解「京劇」和「宝塚」吗？去查一查吧，你一定会喜欢上的！

课后学习

1. 记录今天从其他同学那里学到的表达、观点等。

   _____
   _____
   _____
   _____

2. 学完第2单元，你能够做以下事情。请完成下列学习项目。

对事物进行比较	
表示对某人或某事感兴趣	
谈论好恶	
表示动作频率	
谈论理想	
谈论是否擅长	

3. 对照本课的学习目标，完成下列自我检测卡，检测自己的达标情况。

学习目标	例句	达标情况
N_1とN_2と（では）どちら（のほう）〈选择〉		
N_1はN_2より〜〈比较〉		
N_2よりN_1のほうが〜〈比较〉		
（N_1もN_2も）どちらも（同じぐらい）〜が〜〈相同〉		
（N_1の中で）N_2がいちばん〜〈比较〉		
N_1でもN_2でも（いい）〈许可〉		
N_1だけで（じゃ）なくN_2も〈范围〉		
N_1（周期）にN_2（数量）〈频率〉		
に〈状态、性质的对象〉		
の〈连体修饰语从句中的主语〉		
なかなかV（能动态）ない〈可能性的否定〉		

第11課　京劇と歌舞伎

4．「電話、メール、手紙、SNS、会うこと」你认为哪种方式最有效？遇到以下情况时，你选择哪种方式？为什么？

（1）友だちに宿題を聞くとき
（2）小学時代の先生に久しぶりにあいさつするとき
（3）友人と約束の時間と場所を決めるとき
（4）進路について話すとき
（5）おばあさんに誕生日プレゼントをもらったお礼を言うとき

日本の伝統芸能：歌舞伎

课前学习

1. 听录音，给汉字注音，并熟读这些单词。

(1) 完成 _____   (2) 代表 _____
(3) 独特 _____   (4) 物語 _____
(5) 禁止 _____   (6) 装置 _____
(7) 当時 _____   (8) 流行 _____
(9) 能 _____   (10) 芸能 _____
(11) 狂言 _____   (12) 文楽 _____
(13) 役者 _____   (14) 少年 _____
(15) 英雄 _____   (16) 魅了 _____
(17) 奇抜 _____   (18) 格好 _____
(19) 青赤 _____   (20) 茶色 _____
(21) 筋肉 _____   (22) 血管 _____
(23) 行う _____   (24) 表す _____
(25) 経つ _____   (26) 珍しい _____
(27) 江戸 _____   (28) 幕府 _____
(29) 悪人 _____   (30) 魔物 _____
(31) 隈取 _____   (32) 化け物 _____

2. 仔细观察、体会形式名词「こと」的用法。

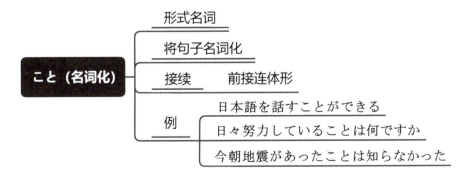

3. 仔细观察、体会日语形容词连用形的形式。

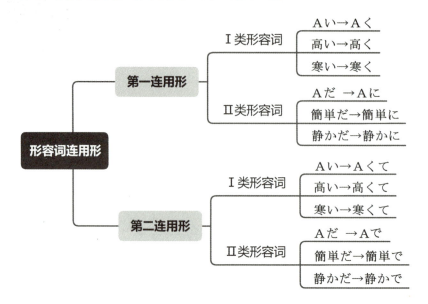

4. 「こと」「の」都有将动词名词化的功能，它们有什么区别呢？

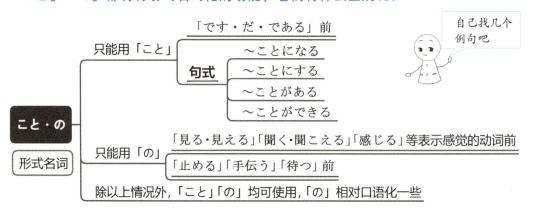

自己找几个例句吧

5. 仔细观察、体会表示原因、诱因的「に」的用法。

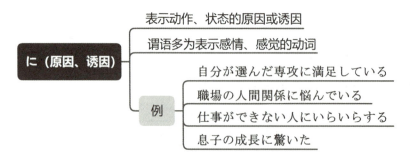

6. 简单查一查歌舞伎相关的知识吧。

```
          歌舞伎とは（     ）時代に生まれた日本独特の演劇
歌舞伎 ──  歌舞伎の起源（      ）という女性が（      ）
                        （      ）という
          歌舞伎の独特の化粧 ─ 顔や手足の（    ）や（    ）などを誇張して描く
                              （    ）で役の個性を表現している
```

课后学习

1. 记录今天从其他同学那里学到的表达、观点等。

_____
_____
_____
_____

2. 学完第3单元，你能够做以下事情。请完成下列学习项目。

简单介绍中国文化或某个日本文化元素的起源、特点等	

3. 对照本课的学习目标，完成下列自我检测卡，检测自己的达标情况。

学习目标	例句	达标情况
Nとともに〈类同〉		
形容词的第一、第二连用形用于句子中顿		
〜こと〈名词化〉		
それで〈因果关系〉		
に〈原因、诱因〉		
Vていて〈中顿〉		

第 11 課　京劇と歌舞伎

实力挑战

🎧 听录音，回答问题。

自我検測

文法リスト

- N₁はN₂より～<比較>
- N₂よりN₁のほうが～<比較>
- N₁とN₂と（では）どちら（のほう）<選択>
- （N₁の中で）N₂がいちばん～<比較>
- （N₁もN₂も）どちらも（同じぐらい）～が～<相同>
- N₁だけで（じゃ）なくN₂も<范围>
- N₁でもN₂でも（いい）<许可>
- 动词的连体形<连体修饰语>
- Vていて<中顿>
- 形容词的第一、第二连用形用于句子中顿
- ～こと<名词化>
- ～というN
- 感情、感覚形容词
- に<状態、性质的对象>
- N₁（周期）にN₂（数量）<频率>
- に<原因、诱因>
- で<动作主体的数量、范围>
- の<连体修饰语从句中的主语>
- Nとともに<类同>
- なかなかV（能动态）ない<可能性的否定>
- それで<因果关系>

単語帳

ジャンル　ストーリー　ファン　バレエ　オペラ

こと　ほう　話　人間　人々　当時　実際　興味　将来　物語　劇場　舞台　装置
前門　演目　開演　正門　芝居　誘い　夕ご飯　格好　少年　役者　筋肉　英雄
血管　京劇　伝統芸能　芸能　能　狂言　文楽　歌舞伎　宝塚　隈取　青　悪人
茶色　魔物　江戸幕府　白蛇　青蛇　白蛇伝　化け物　多く　あっという間　その後
影響　関係　応援　出演　流行　禁止　完成　代表　魅了
詳しい　うれしい　珍しい　得意　苦手　大好き　なかなか　独特　びっくり
ずっと　きっと　実は　さまざま　奇抜　もともと　例えば　それで
誘う　出合う　行う　表す　演じる　踊る

コンサート　グループ　バター　オープン　カラー　カレー　チョコレート　ロック
クラシック　バドミントン　プラス　チケット　ゴム

第11課　京劇と歌舞伎

雲　空　顔　額　鼻　親　革　布　足　数　犬　病気　雰囲気　趣味　気持ち
部分　学問　技術　芸術　健康　社会人　卓球　野菜　白菜　思い出　収入　内容
事務　地方　給料　平日　休日　規準　用法　路上　乗車場　自動車　こころ　働き
脂肪　いちめん　年上　旅先　土地　踊り　人口　白黒　海外　名所旧跡　南方
観光地　冬休み　遅く　相撲　柔道　生け花　茶道　おせち料理　総合日語
整理　分類　普及　表記　左右　水泳　販売　睡眠　入院
懐かしい　怖い　さびしい　はずかしい　青い　眠い　嫌い　重要
学ぶ　育てる　受ける　固める　生む　眠る　やめる　演じる　うかぶ　覆う　乗せる

 Ⅰ. 文字・词汇・语法

1. 写出下列画线部分汉字的正确读音。

（1）カラオケに行くとき誘ってくださいね。
（2）私は日本文学に興味があります。
（3）日本の伝統文化についていろいろ調べました。
（4）私は将来、舞台と関係のある仕事をしたいです。
（5）宿題をするのを忘れました。
（6）私は歌が苦手です。
（7）「白蛇伝」は人間になった白蛇と青蛇の話です。
（8）これは遠い昔の物語です。
（9）小学生4年生の時に初めて京劇に出会いました。
（10）子どもだけでなく、大人もこのアニメが大好きです。

(1)	(2)
(3)	(4)
(5)	(6)
(7)	(8)
(9)	(10)

2. 将下列画线部分改写成汉字。

（1）明日、サッカーのしあいがあるんですが、一緒に見に行きませんか。
（2）あれから3年たった。
（3）いつでもおうえんしますよ。
（4）私は料理がとくいです。
（5）休日は暇ですが、へいじつは忙しいです。
（6）母のえいきょうで、京劇が好きになりました。

(1)	(2)
(3)	(4)
(5)	(6)
(7)	(8)
(9)	(10)

(7) 母はじっさいの年齢より若く見える。

(8) 朝、かおを洗います。

(9) もう少しくわしく説明してください。

(10) あの店にはめずらしい料理がたくさんあります。

3. 从a～d中选择正确答案。

(1) これからも頑張ってください。_____しています。
  a．魅了   b．完成   c．応援   d．関係

(2) 暗い部屋で一人で食事をするのはとても_____です。
  a．はずかしい b．さびしい c．なつかしい d．うれしい

(3) _____声ですから、父だとすぐ分かった。
  a．大切な   b．独特な   c．得意な   d．重要な

(4) アルバイトしている図書館で運命の人に_____。
  a．生まれた b．頑張った c．忘れた   d．出会った

(5) ここは_____公園でしたが、今は大きなデパートになっています。
  a．さっき   b．よく   c．いつも   d．もともと

(6) 京華大学は北燕大学より_____広いです。
  a．きっと   b．ずっと   c．非常に   d．本当に

(7) タクシー、_____来ませんね。
  a．たいへん b．とても   c．なかなか d．よく

(8) ずっと前から高橋さんのことを聞いていたんですが、_____会ったのは最近のことです。
  a．実際に   b．きっと   c．もともと   d．特に

(9) 彼は来ると言っていましたから、_____来ると思います。
  a．きっと   b．ずっと   c．ぜひ   d．もっと

(10) 6時ごろ夕ご飯を食べて、_____公園へ行きませんか。
  a．それから b．そして   c．それで   d．あと

4. 在下列（　）里填入适当的助词。每个（　）填一个假名。不必填助词的地方画×。

(1) 日本は桜（　）有名です。

(2) 料理の中で何（　）いちばん得意ですか。

(3) タバコは健康（　）悪いです。

(4) 私は中学校時代（　）懐かしいです。

(5) 彼女は２週間（　）１回（　）故郷に帰っています。

(6) パソコンは１台しかありませんから、みんな（　）使いましょう。

(7) 田中さんはいませんよ。来週の木曜日（　）（　）上海へ出張に行っています。

(8) どうして俳優になりたい（　）ですか。

(9) 私は料理を作る（　）（　）食べる（　）（　）好きです。

(10) 土曜日（　）（　）日曜日（　）（　）いいですから、遊びに来てください。

(11) 春（　）（　）夏のほうが好きです。

(12) 日本語と英語とどちら（　）やさしいですか。

(13) 京華大学は留学生（　）親切です。

(14) 僕は僕（　）書いた小説を読まない。

(15) 高校生だけでなく、大学生（　）大勢来ました。

5. 从a～d中选择正确答案。

(1) 宝塚って女性だけが出演する舞台の_____です。
　　a．ところ　　b．話　　c．もの　　d．こと

(2) この町ではお芝居はなかなか_____。
　　a．見ません　　b．見られません　　c．見えません　　d．見せません

(3) 私が初めて_____日本語は「ありがとう」です。
　　a．覚えた　　b．覚えている　　c．覚えます　　d．覚えました

(4) ほら、あそこに_____人が高橋さんのお母さんですよ。
　　a．座る　　b．座って　　c．座っていた　　d．座っている

(5) 昨日、京劇に_____人は趙さんです。
　　a．行かない　　b．行かなかった　　c．行きました　　d．行きませんでした

(6) 果物も野菜も_____同じぐらい好きです。
　　a．どちら　　b．どちらか　　c．どちらが　　d．どちらも

(7) 父は毎日中国語の新聞_____、英語の新聞も読んでいます。
　　a．だけ　　b．だけで　　c．だけでなく　　d．だけではない

(8) 親も子ども_____成長しているのです。
　　a．について　　b．とともに　　c．だけでなく　　d．でも

(9) いつか日本へ行きたいと思います。_____日本語の勉強を始めました。
　　a．そして　　b．それで　　c．それから　　d．そんなに

(10) 漢字の読み方はなかなか_____。
　　a．覚える　　b．覚えた　　c．覚えられる　　d．覚えられない

6. 正确排列a～d的顺序，选择最适合的选项填入___★___。

(1) 上海は___ ___★___ ___ ___大都市である。
　　a. 代表する　　b. とともに　　　　c. 北京　　　　　　d. 中国を

(2) あの二人___ ___ ___★___ ___知らなかった。
　　a. を　　　　　b. こと　　　　　　c. 付き合っている　d. が

(3) あそこは___ ___★___ ___ ___カフェです。
　　a. の　　　　　b. よく　　　　　　c. 行く　　　　　　d. 李さん

(4) ___ ___★___ ___ ___がとても有名です。
　　a. と　　　　　b. いう　　　　　　c. 歌　　　　　　　d.「桜」

(5) 王さんは、___ ___★___ ___ ___詳しいです。
　　a. にも　　　　b. だけでなく　　　c. 世界史　　　　　d. 中国史

(6) ___ ___ ___★___びっくりした。
　　a. して　　　　b. 踊ることに　　　c. 男性の格好を　　d. 女性が

(7) 王さんの夢は___ ___ ___ ___★___です。
　　a. こと　　　　b. 仕事をする　　　c. 日本と　　　　　d. 関係のある

(8) 昨日、___ ___ ___★___ ___すっかり忘れていました。
　　a. を　　　　　b. 約束した　　　　c. の　　　　　　　d. 王さんと

(9) この会社で働きたいのは___ ___ ___★___ ___です。
　　a. から　　　　b. 多い　　　　　　c. 休みが　　　　　d. この会社は

(10) ___ ___★___ ___ ___です。
　　a. こと　　　　b. 毎日努力する　　c. のは　　　　　　d. 大事な

7. 仿照例子完成下表。

例	これは<u>辞書</u>です。昨日買いました。	これは昨日買った辞書です。
(1)	これは<u>写真</u>です。京都で撮りました。	
(2)	これは<u>歌</u>です。高橋さんがよくカラオケで歌います。	
(3)	昨日<u>映画</u>を見ました。その映画は面白かったです。	
(4)	李さんは<u>お菓子</u>を食べました。鈴木さんはそのお菓子を日本で買いました。	
(5)	私は来年この<u>大学</u>に留学します。この大学は東京にあります。	

8. 用表示比较的句式叙述下列图表（每个图表100字左右）。

グラフ（1）好きな果物　　　　　グラフ（2）気温

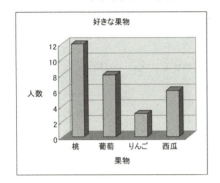
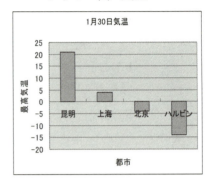

（3）インターネットですること

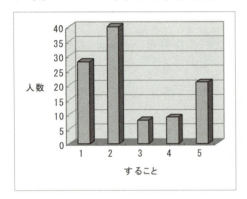

１．ニュースを見る
２．SNSを利用する
３．ゲームをする
４．小説を読む
５．ネットショッピングをする

表示比较的句式：
○ N_1はN_2より～
○ N_2よりN_1のほうが～
○（N_1の中で）N_2がいちばん～
○ N_1もN_2もどちらも同じぐらい～

9. 完成下列对话。

（1）A：李さん、ちょっと聞きたいことがあるんですが、____。

　　　B：はい、何ですか。

（2）A：この漢方薬はお肌にいいですよ。

　　　B：_____。私も飲みたいです。

（3）A：万里の長城は東の山海関から西の嘉峪関まで、長さ8852kmです。

　　　B：えー、_____。

　　　　A：いろいろ調べたの。

　　　　B：すごいですね。

　　(4) A：明日は学校に来なくてもいいです。

　　　　B：＿＿＿＿＿＿＿＿！

10. 日语汉字学习——这些日语汉字应该怎么读？

　　(1) 地球　　(2) 美人　　(3) 芸術　　(4) 名曲　　(5) 成果

　　(6) 代理　　(7) 表情　　(8) 少女　　(9) 管理　　(10) 完全

Ⅱ. 听力

1. 听录音，仿照例子选择正确答案。

　　例　a

　　(1) ＿＿＿　(2) ＿＿＿　(3) ＿＿＿　(4) ＿＿＿

2. 听录音，仿照例子选择正确答案。

　　例

　　　a　　　　　　　ⓑ

　　(1)　　　　　　　　　　(2)

　　　a　　　b　　　　　　　a　　　　b

3. 听录音，根据录音内容完成下表。

	得意	苦手
趙さん		
木村さん		
李さん		

　　a．数学　b．辛い料理　c．卓球　d．ケーキを作ること　e．水泳　f．犬

第11課　京劇と歌舞伎

　　Ⅲ.阅读

完成下列算术题。

(1) 旬君のクラスの人数は33人で、男子が女子より３人多いです。男子と女子の人数はそれぞれ何人ですか。

(2) ある三角形の３つの角の比は３：４：５です。いちばん大きな角は何度ですか。

(3) 学校で遠足に行きます。50人乗りのバスが２台と、60人乗りのバスが３台来ました。全部で何人乗れますか。

(4) 美穂さんは朝８時に歩いて家を出発し、美咲さんの家に遊びに行きました。美穂さんの家から800m離れた所にあるお店に着いたのは８時10分で、そこで買い物をして15分後に店を出ました。その後も同じ速さで歩き、９時15分に美咲さんの家に着きました。美穂さんの家から美咲さんの家まで何kmありますか。

(5) １から９までの数字が書いているカードが1枚ずつあります。これを、A君・B君・C君の３人に３枚ずつ配ったところ、３人ともカードを足した合計の大きさが同じになりました。A君は1、B君は２と４を持っていました、C君のカード３枚を答えてください。

第12課　年末

 忘年会の相談

课前学习

🎧 1. 听录音，给汉字注音，并熟读这些单词。

(1) 相談 _____　　(2) 予定 _____
(3) 志望 _____　　(4) 演劇 _____
(5) 会場 _____　　(6) 出し物 _____
(7) 女優 _____　　(8) 男優 _____
(9) 主演 _____　　(10) 現代版 _____
(11) 思う _____　　(12) かぐや姫 _____

2. 仔细观察、体会动词意志形的变化规律。

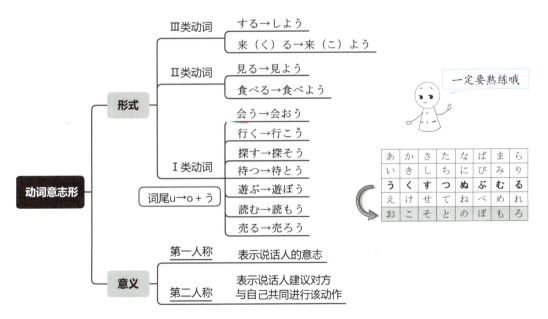

3. 仔细观察、体会「と思う」的意义和用法。

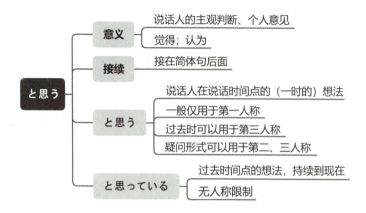

4. 仔细观察、体会「ことがある」的两个用法。

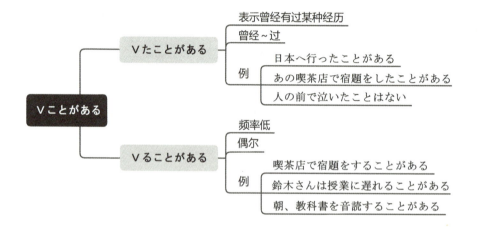

5. 仔细观察、体会「だろう」的意义和用法。

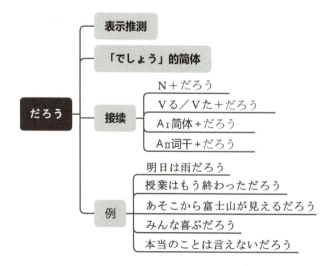

6. 仔细观察、体会「～かどうか～」的意义和用法。

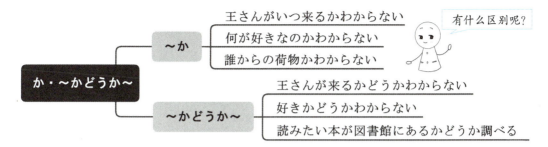

课后学习

1. 记录今天从其他同学那里学到的表达、观点等。

___

___

___

___

2. 学完第1单元，你能够做以下事情。请完成下列学习项目。

说明意向	
说明计划	
说明过去的经历	

3. 对照本课的学习目标，完成下列自我检测卡，检测自己的达标情况。

学习目标	例句	达标情况
动词的意志形		
～と思う〈想法〉		
～予定だ〈计划〉		
～かどうか〈选择〉		
Vたことがある〈经历〉		
～だろう〈推测〉		

第12課　年末

 忘年会

课前学习

1. 听录音，给汉字注音，并熟读这些单词。

(1) 正月＿＿＿＿＿　　(2) 休み＿＿＿＿＿
(3) 春節＿＿＿＿＿　　(4) 旧暦＿＿＿＿＿
(5) 愛　＿＿＿＿＿　　(6) 輪　＿＿＿＿＿
(7) 過ごす＿＿＿＿＿　(8) 渡す＿＿＿＿＿
(9) 集まる＿＿＿＿＿　(10) 止まる＿＿＿＿＿
(11) 喜ぶ＿＿＿＿＿　 (12) 次々に＿＿＿＿＿

2. 仔细观察、体会授受动词「あげる」「もらう」「くれる」的意义和用法。

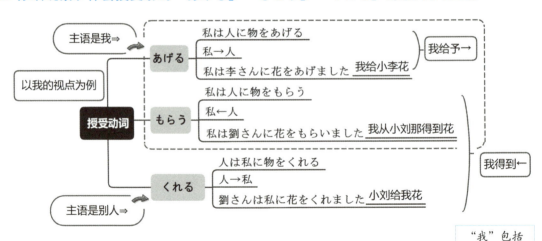

○第一步先理解「あげる」「もらう」「くれる」这3个词的方向。
　表达「私」以外的第三者之间的授受时，一般站在与说话人关系更近的一方的角度，如果关系远近一样，就站在谁的角度说都可以。

3. 仔细观察、体会「つもり」的意义和用法。

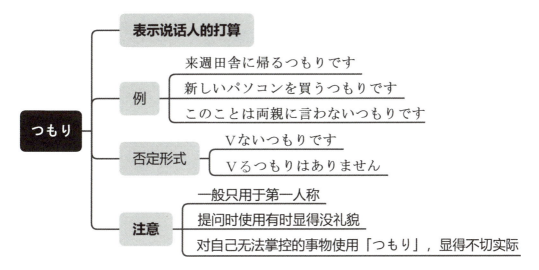

4. 梳理一下表示愿望、计划的一组表达方式。

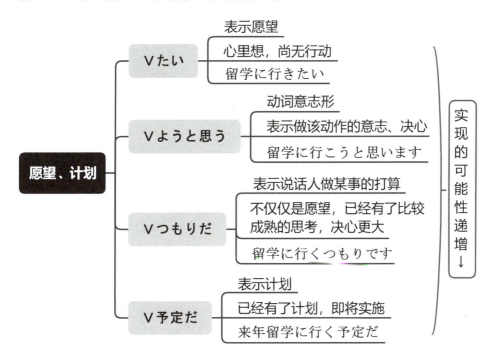

5. 一个学期就要结束了，寒假你有什么计划、打算呢？

第12課　年末

课后学习

1. 记录今天从其他同学那里学到的表达、观点等。

   _____
   _____
   _____
   _____

2. 学完第2单元，你能够做以下事情。请完成下列学习项目。

表示物品的授受	
说明自己的计划和打算	
表示十分期待	

3. 对照本课的学习目标，完成下列自我检测卡，检测自己的达标情况。

学习目标	例句	达标情况
あげる／くれる／もらう〈授受〉		
Vることがある〈频率低〉		
〜つもりだ〈打算〉		

4. 通过完成下表，来了解一下自己吧。

自分の好きなこと・もの	
自分の得意なこと	

ユニット3　日本語学習の振り返り

课前学习

1. 根据你的汉字知识，推测下列汉字词的读音，然后听录音确认。

(1) 自信　_____
(2) 出身　_____
(3) 経歴　_____
(4) 満足　_____
(5) 視野　_____
(6) 日課　_____
(7) 学習　_____
(8) 予習　_____
(9) 復習　_____
(10) 意見　_____
(11) 話題　_____
(12) 異文化　_____
(13) 表現　_____
(14) 表明　_____
(15) 意義　_____

2. 听录音，给汉字注音，并熟读这些单词。

(1) 趣味　_____
(2) 計画　_____
(3) 準備　_____
(4) 熱意　_____
(5) 収集　_____
(6) 構成　_____
(7) 項目　_____
(8) 日常　_____
(9) 宿泊　_____
(10) 学び　_____
(11) 誇り　_____
(12) 達成感　_____
(13) 整理　_____
(14) 協力　_____
(15) 機器　_____
(16) 簡潔　_____
(17) 身近　_____
(18) 最も　_____
(19) 気持ち　_____
(20) 好き嫌い　_____
(21) 次　_____
(22) 答える　_____
(23) 述べる　_____
(24) 果たす　_____
(25) 対する　_____
(26) 深める　_____
(27) 広げる　_____
(28) 感じる　_____
(29) 振り返る　_____

3. 仔细观察、体会「Nを通じて」的意义和用法。

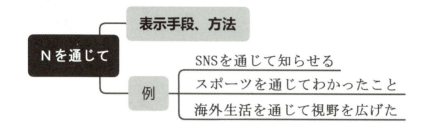

4. 仔细观察、体会「～たり（～たりする）」的意义和用法。

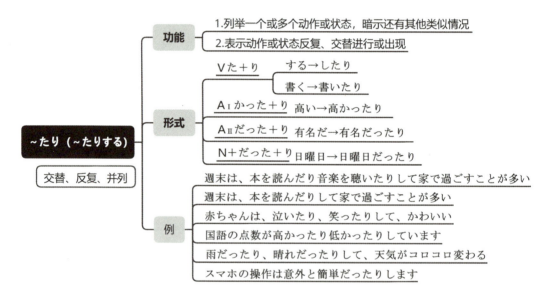

5. 大学的第一个学期已经进入尾声，这个学期你自己有了哪些成长和变化？最让你有成就感的是什么事情？试着梳理一下吧。

课后学习

1. 记录今天从其他同学那里学到的表达、观点等。

ユニット3　日本語学習の振り返り

2. 学完第3单元，你能够做以下事情。请完成下列学习项目。

完成调查问卷	
梳理自己的学习过程	

3. 对照本课的学习目标，完成下列自我检测卡，检测自己的达标情况。

学习目标	例句	达标情况
〜たり（〜たりする）〈交替、反复、并列〉		
Nを通じて〈手段、方法〉		

4. 阅读下列文章，回忆这半年发生在京华大学的故事。如果你是作者，剧情会怎样发展呢？发挥你的文采尝试改写或续写一下京华大学的故事吧！

　おばあちゃん、お父さん、お母さん、お姉ちゃん、信哉へ
　　今年も残り少なくなりました。その後、皆さんお元気ですか。おばあちゃんのひざの具合はどうですか。私はおかげさまで、とても元気にしています。
　　北京に来て4か月になりました。最初はわからないことばかりで大変でしたが、今はすっかり北京の生活に慣れました。中国語はまだあまり上手になっていませんが、毎日楽しいです。
　　昨日は、日本人留学生会と日本語学科の合同忘年会でした。一緒に「かぐや姫」のお芝居をしました。私がかぐや姫だったんですよ。（あとで写真を送りますね。）そのあと、プレゼント交換をして、私はぬいぐるみをもらいました。（王さんが買ったぬいぐるみでした。）それから、みんなでダンスをしました。とても楽しい忘年会でした。
　　中国人の友達もおおぜいできました。春節には王さんのうちへ遊びに行きます。来年、大学に入れるかどうかわかりませんが、これから中国語の勉強をもっと頑張ろうと思います。（毎日、あの電子辞書を使って勉強しています！）
　　お父さん、お母さん、先月の北京観光、楽しかったですね。今度はおばあちゃん、お姉ちゃん、信哉もぜひ遊びに来てください。今度のお正月には帰れませんが、お姉ちゃんの結婚式の時にはもちろん帰ります。楽しみにしています。
　　お正月に電話します。それでは皆様、お元気で、どうぞよいお年を。

12月26日　美穂より

实力挑战

听录音，完成录音中要求的任务。

自我检测

文法リスト

- 动词的意志形
- ～つもりだ〈打算〉
- あげる／くれる／もらう〈授受〉
- Vたことがある〈经历〉
- ～かどうか〈选择〉
- Nを通じて〈手段、方法〉
- ～と思う〈想法〉
- ～予定だ〈计划〉
- ～だろう〈推测〉
- Vることがある〈频率低〉
- ～たり（～たりする）〈交替、反复、并列〉
- Nに対する／Nに対して〈対象〉

単語帳

コミュニケーション　インタビュー　スタート　ストラップ　タスク
愛　輪　右　自分　話題　言語　視野　異文化　意義　達成感　出身　構成　経歴
熱意　日課　好き嫌い　学び　日常　忘年会　会場　正月　旧暦　ぬいぐみ　出し物
演劇学科　主演　女優　男優　男の人　現代版　機器　振り返り　つもり　今学期
かぐや姫
予定　志望　達成　満足　収集　理解　復習　自信　準備　表明　意見　宿泊
あげる　もらう　くれる　思う　答える　渡す　止まる　過ごす　喜ぶ　果たす
述べる　対する　深める　広げる　感じる　振り返る　自信がつく　気づく
身近　簡潔　基本的　たぶん　きちんと　次々に

ボランティア　ガイドブック　スカーフ　シート　UFO
責任　成果　見方　南　指輪　誕生日　朝ご飯　晩ご飯　時計　腕時計　絵本　事業
人気者　お客様　部下
入学　成長　記録　失敗　昼寝　実感　期待　反対　出発　集合　海水浴
忘れる　守る　疲れる　困る
丁寧　不満

第12課　年末

 Ⅰ. 文字・词汇・语法

1. 写出下列画线部分汉字的正确读音。

(1) 留学について両親と相談しなければなりません。
(2) 旅行の計画を立てています。
(3) 中国のお正月は「春節」と言います。
(4) 数学に自信があります。
(5) 筆者が最も言いたいことは何ですか。
(6) このノートを鈴木さんに渡してください。
(7) 中国文化に対する理解を深める。
(8) ご両親もきっと喜んでいるでしょう。
(9) インターネットは身近な存在になった。
(10) 正直な感想を述べる。

(1)	(2)
(3)	(4)
(5)	(6)
(7)	(8)
(9)	(10)

2. 将下列画线部分改写成汉字。

(1) 勉強へのねついが足りない。
(2) 一緒にパーティーのじゅんびをしましょう。
(3) 来年は雲南へ行って調査を行うよていです。
(4) 今年は目標をたっせいできましたか。
(5) インターネットからいろいろな情報をしゅうしゅうしている。
(6) これはみんなできょうりょくして作ったカレーです。
(7) この旅館はペット犬と一緒にしゅくはくできることで人気がある。
(8) 今の生活にまんぞくしている。
(9) この一年をふりかえって日記を書いた。
(10) その映画についてどうおもいますか。

(1)	(2)
(3)	(4)
(5)	(6)
(7)	(8)
(9)	(10)

3. 从a～d中选择正确答案。

(1) 来月旅行しようと思って、＿＿＿＿で調べています。
　　a．レポート　　b．ノート　　c．アンケート　　d．ガイドブック

(2) 早く行こうよ。コンサートがもう_____したよ。
　　　a．スポーツ　　　b．スライド　　　c．スタート　　　d．ストラップ
(3) _____薬を飲んでくださいね。
　　　a．たぶん　　　b．ほとんど　　　c．ようやく　　　d．きちんと
(4) 高橋さんは中国人の友達がおおぜい_____。
　　　a．なりました　b．ありました　c．できました　d．作りました
(5) 私が日本に来て1年に_____。
　　　a．過ぎました　b．なりました　c．来ました　　d．経ちました
(6) 高橋さんへのお土産は何に_____か。
　　　a．します　　　b．なります　　c．使います　　d．買います
(7) 音楽が_____ときに持っているのが自分のプレゼントになります。
　　　a．止めた　　　b．止まった　　c．過ごした　　d．集まった
(8) 中国では春節は家族と一緒に_____のが普通です。
　　　a．暮らす　　　b．過ごす　　　c．過ぎる　　　d．経つ
(9) 明日の午前8時に正門の前に_____ください。
　　　a．集めて　　　b．待って　　　c．集まって　　d．会って
(10) _____勉強になりました。ありがとうございました。
　　　a．たいへん　　b．大きい　　　c．多い　　　　d．ぜひ
(11) これから日本語の勉強を_____頑張ろうと思います。
　　　a．ほんと　　　b．もともと　　c．きっと　　　d．もっと
(12) 高橋さんからもらったプレゼントを_____します。
　　　a．けっこう　　b．よく　　　　c．重要に　　　d．大切に
(13) 鈴木さんと田中さんが日本語の漫画を1冊_____くれました。
　　　a．ぐらい　　　b．やく　　　　c．それぞれ　　d．ずつ
(14) A：今度の休みに家族とドライブに行こうと思っているんですが、一緒に行きませんか。
　　　B：えっ？いいんですか。
　　　A：_____。
　　　a．かならず　　b．きっと　　　c．もちろん　　d．たぶん
(15) 週に2回水泳を続けたから、体力に自信が_____。
　　　a．ついた　　　b．入った　　　c．引いた　　　d．届いた

第 12 課　年末

4. 将（　）里的词改成适当形式填写在_____上。

(1) 私は３年前に北海道に（行く）_____ことがあります。

(2) 私はほとんど食堂で食事をしますが、学校の近くのレストランで（食べる）_____こともあります。

(3) 自分でチョコレートを（作る）_____と思います。彼へのプレゼントです。

(4) インターネットの利用について調査を（行う）_____予定です。

(5) 王さんはもう（知る）_____だろうと思います。

(6) 昨日のパーティーではあの二人はゆっくり話すことが（できない）_____だろう。

(7) 30歳まで（待つ）_____つもりです。

(8) 電車が向こうに（着く）_____かどうか調べてください。

(9) 李さんは立派な通訳に（なる）_____と思います。

(10) 京都の紅葉はきれいでした。来年もまた（来る）_____と思います。

5. 完成下列句子。

(1) 私は子どものときから_____と思っています。

(2) 私は_____たことがあります。

(3) 私は_____ことがあります。

(4) 私は_____ことがありません。

(5) 私は_____つもりです。

(6) 私は何回も_____。

(7) 私は１回も_____。

(8) 私は１回しか_____。

(9) 来年_____かどうかわかりません。

(10) 昨日_____かどうかわかりません。

6. 在下列（　）里填入适当的助词。每个（　）填一个假名。不必要的地方画×。

(1) それは私（　）買ったプレゼントです。

(2) 会場をどこ（　）しますか。

(3) みんな（　）頑張ろう。

(4) 全員（　）輪になって、花を自分の右の人（　）次々に渡してください。

(5) 中国では家族が全員集まる（　）（　）春節です。

(6) そのことは誰（　）（　）話していません。

(7) 息子（　）医者にしたいと思っている。

(8) 教室は誰（　）掃除したんですか。

(9) 人生の計画（　）しっかり立てましょう。

(10) 日本人の友だち（　）（　）日本の雑誌をもらいました。

(11) 友だち（　）映画の招待券をくれました。

(12) 最近勉強（　）疲れています。

7. 从a～d中选择正确答案。

(1) 李さんは今何＿＿＿＿読んでいます。
　　a．か　　　　b．が　　　　c．を　　　　d．に

(2) 私たちは勉強会を＿＿＿＿予定です。
　　a．開く　　　b．開いた　　c．開こう　　d．開きたい

(3) 明日からはタバコを＿＿＿＿。
　　a．吸わないつもりです　　　b．吸うつもりではありません
　　c．吸うつもりではないです　d．吸わなかったつもりです

(4) 読みたい本があるとき、＿＿＿＿読みます。
　　a．買う　　　b．買い　　　c．買って　　d．買った

(5) 来年、大学に＿＿＿＿かどうか、分かりません。
　　a．入れる　　b．入れた　　c．入れます　d．入れない

(6) フランス料理を＿＿＿＿と思って、料理の本を買いました。
　　a．作った　　b．作り　　　c．作る　　　d．作ろう

(7) 5年前に万里の長城に＿＿＿＿ことがあります。
　　a．登った　　b．登り　　　c．登って　　d．登る

(8) 明日も＿＿＿＿と思います。
　　a．雨　　　　b．雨だろう　c．雨だったろう　d．雨でしょう

(9) 母は私の20歳の誕生日に可愛い時計を＿＿＿＿。
　　a．あげた　　b．くれた　　c．もらった　d．渡した

(10) 先週、友達の王さんは妹におもしろい絵本を＿＿＿＿。
　　a．あげた　　b．くれた　　c．もらった　d．やった

(11) 李：昨日のパーティーで高橋さんが＿＿＿＿プレゼントは何でしたか。
　　　高橋：携帯のストラップです。とてもかわいいですよ。ほら。
　　a．あげた　　b．くれた　　c．もらった　d．渡した

221

(12) すいかの値段は、＿＿＿たり、＿＿＿たりします。
   a．高い・安い　　　　　　b．高く・安く
   c．高くて・安くて　　　　d．高かっ・安かっ

8. 正确排列a～d的顺序，选择最适合的选项填入＿★＿。

(1) 山下さんが発表のテーマに＿＿＿★＿＿＿＿＿＿。
   a．聞きましょう　b．ある　　c．かどうか　d．興味が
(2) 私は＿＿＿★＿＿＿＿＿＿があります。
   a．へ　　　　　b．こと　　c．行った　　d．日本
(3) ＿＿＿＿＿★＿＿＿かどうか心配です。
   a．に　　　　　b．あの試験　c．できる　　d．合格
(4) ＿＿＿＿＿★＿＿＿思います。
   a．どこか　　　b．と　　　c．出かけよう　d．へ
(5) ＿＿★＿＿＿＿＿分かりません。
   a．で　　　　　b．かどうか　c．大丈夫　　d．私の日本語レベル
(6) ＿＿★＿＿＿＿＿はありますか。
   a．予定　　　　b．へ　　　c．日本　　　d．行く
(7) ＿＿＿＿＿＿＿★知っていますか
   a．が　　　　　b．か　　　c．どんな試験　d．日本語能力試験
(8) 週末は＿★＿ 外出の＿＿＿＿＿＿。
   a．予定　　　　b．特に　　c．は　　　　d．ありません
(9) ＿＿＿＿＿＿＿★分かりません。
   a．かどうか　　b．もう　　c．会議が　　d．始まっている
(10) ＿＿★＿＿＿＿＿がありません。
   a．こと　　　　b．に　　　c．飛行機　　d．乗った

9. 从「あげる」「もらう」「くれる」中选择最合适的内容并改成适当形式填在＿＿＿上。

(1) 中国から帰国した友人がパンダのぬいぐるみを＿＿＿＿＿＿。うれしかった。
(2) 今年のバレンタインデーに自分で編んだセーターを彼氏に＿＿＿＿＿＿。彼氏は喜んでいました。
(3) ケーキをたくさん＿＿＿＿＿から、つい食べ過ぎた。
(4) 姉は母の誕生日にきれいなビーズでブローチを作って母に＿＿＿＿＿＿。

(5) 彼女から_____大切な時計をなくした。

(6) 友達から誕生日のプレゼントを_____とき、涙が出ました。

(7) 姉から_____CDを友達に_____。

10. 日语汉字学习——这些日语汉字应该怎么读？

(1) 予約　　(2) 観点　　(3) 台本　　(4) 意志　　(5) 集合

(6) 会計　　(7) 愛情　　(8) 結論　　(9) 最高　　(10) 活用

II. 听力

1. 听录音，选择正确答案。

(1) _____　(2) _____　(3) _____　(4) _____　(5) _____

2. 听录音，根据录音内容完成下表，同一内容可以重复使用。

山下さんの来週の予定表

曜日	
月曜日	
火曜日	
水曜日	（例）f
木曜日	
金曜日	
土曜日	
日曜日	

(a) テニスの練習をします
(b) テストのために勉強をします。
(c) テストがあります。
(d) 特に予定はありません。
(e) サークルのパーティーがあります。
(f) アルバイトに行きます。
(g) テニスの試合があります。

3. 听录音，符合录音内容的在（　）里画○，不符合的画×。

例：李さん　──　花　──→　母（ ○ ）
(1) 私　　　──　セーター　──→　父（　）
(2) 友達　　──　クラシックのCD　──→　私（　）
(3) 王　　　──　発表の資料　──→　私（　）

4. 听录音，选择正确的应答。

(1) _____　(2) _____　(3) _____　(4) _____

第 12 課　年末

　Ⅲ. 阅读

阅读下列文章，结合第3单元的课文，从以下方法中选择适合自己的方法，回顾进入大学后这半年的学习和生活。

　効果的な振り返りを行うためには、ただ過去の出来事を思い出すのではなく、問題の原因を把握し、今後どうすれば目標に近付けるのかを考える必要があります。

振り返りが次のステップに繋がるポイント

1. YWT
    【Y】やったこと：行動や活動の内容や、それを行った意図
    【W】わかったこと：行動や活動の結果や、その結果が得られた理由
    【T】次にやること：わかったことを踏まえて行う次のアクション
2. KPT
    【K】Keep：良かった事/今後も続けたい事
    【P】Problem：うまくいかなかった事
    【T】Try：今後実施する事
3. 4行日記
    今日起きた事実：実際に起きたこと
    気付き：事実からひらめいたこと
    気付きから得た教訓：気づきから何を学んだか
    宣言：自分がありたい姿を宣言する

文法のまとめ（第11—12課）

1. 助詞

で	動作主体的数量、範围	二人で行きましょう。
に	状态、性质的对象	高橋さんは京劇に詳しいです。
	频率	2週間に1回映画を見ています。
	原因、诱因	今の大学生活にとても満足している。
の	连体修饰语从句中的主语	これは李さんのよく行く店です。

2. 动词

动词连体形（动词修饰名词的形式）	动词非过去时	天安門へ行くバス
		通っている学校
	动词过去时	昨日読んだ本
		万里の長城で撮った写真
	动词否定形	分からない人
		まだ読んでいない本
	动词否定过去时	来なかった人
		話していなかったこと

动词意志形	形式	Ⅲ类动词	する→しよう　来る→よう	
		Ⅱ类动词	見る→見よう　食べる→食べよう	去掉る+よう
		Ⅰ类动词	会う→会おう　行く→行こう　読む→読もう	词尾ㅁ→o+う
	意义	第一人称	表示说话人的意志	
		第二人称	表示说话人建议对方与自己共同进行该动作	

3. 其他

语法项目	意义	例句
N₁とN₂と（では）どちら（のほう）が～	选择	北京と上海とどちらが寒いですか。
N₁はN₂より～	比较	北京は上海より寒いです。

续表

语法项目	意义	例句
N_2よりN_1のほうが～	比较	上海より北京のほうが寒いです。
（N_1の中で）N_2がいちばん～	比较	果物の中でりんごがいちばん好きです。
（N_1もN_2も）どちらも（同じぐらい）～	相同	りんごもみかんも同じくらい好きです。
N_1はN_2とともに	类同	上海は北京とともに中国を代表する都市である。
N_1でもN_2でも（いい）	许可	会議は今週でも来週でもいいです。
N_1だけでなく/だけじゃなくN_2も	范围	大学では日本語だけでなく英語も勉強しています。
～と思う	想法	あの人は学生だと思います。 あの部屋はちょっと暗いと思います。 新しいキャンパスはきれいだと思います。 明日、王さんも行くと思います。 昨日、王さんも行ったと思います。
Vようと思う	意志	来年、国へ帰ろうと思います。
Vるつもりです	打算	来年、国へ帰るつもりです。
Vる予定です	计划	来年、国に帰る予定です。
～だろう	推测	あの人はまだ学生だろう。 あの店は高いだろう。 あそこの海はきれいだろう。 王さんも行くだろう。 王さんも行っただろう。
Vたことがある	经历	わたしは西安へ行ったことがあります。
Vることがある	频率低	仕事で西安へ行くことがあります。
あげる/もらう/くれる	授受	わたしは李さんに本をあげました。 わたしは王さんに本をもらいました。 王さんは（わたしに）本をくれました。
～かどうか	选择	王さんが刺身を食べるかどうか聞いてみましょう。
～こと	名词化	毎日努力することがいちばん大事です。
感情、感觉形容词		うれしい！
形容词连用形用于句子中顿		この食堂は安くておいしいです。 日本は山が多く、川も少なくありません。
～というN	命名	これは何という花ですか。

续表

语法项目	意义	例句
なかなかVない	可能性的否定	日本では京劇がなかなか見られません。
それで	因果关系	この食堂は安くておいしいです。それで、いつも混んでいます。
～たり（～たりする）	交替、反复、并列	日曜日は洗濯したり、掃除したりします。
Nを通じて	手段、方法	アルバイトを通じていろいろなことを学んだ。
Nに対する／Nに対して	対象	お客さんに対してそんな失礼なことを言ってはいけない。

助詞のまとめ

助詞	意味	例文
は	話題	王さんは大学生です。
	対比	「日本史」は難しくなかったですが、「翻訳」は大変でした。
	部分否定	全部は飲まなくてもいいです。
が	主体	スマホが鳴りました。
	主体（主語、疑問）	何が難しいですか。
	转折	勉強は大変ですが、楽しいです。
	順接	おみやげが買いたいんですが、どこがいいですか。
を	客体	父は毎朝新聞を読みます。
	移動的範囲	朝、公園を散歩しました。
	出発点	３時に大学を出ました。
で	動作的処所	私は毎晩図書館で勉強します。
	工具、手段	中国人は箸でご飯を食べます。
	範囲	この店は中国でとても有名です。
	限定（数量）	300元でシルクのが買えます。
	原材料	木で箱を作りました。
	動作主体的数量、範囲	二人で行きましょう。
に	目的地	李さんは食堂に行きました。
	时间（时点）	３時に行きましょう。
	対象	デパートで友達に会いました。
	存在的地点	大学に映画館がある。
	到達点	電車は駅に着いた。
	目的	図書館へ本を借りに行く。
	附着点、到達点	ノートに名前を書いた。
	客体的処所	町に家を買った
	状態、性質的対象	高橋さんは京劇に詳しいです。
	頻率	２週間に１回映画を見ています。
	原因、诱因	今の大学生活にとても満足している。
	状態	長い箸を縦に置く。

续表

助詞	意味	例文
へ	方向	李さんは夏休みに日本へ行きました。
も	类同	王さんは2年生です。李さんも2年生です。
	全称否定	きのうは何も食べませんでした。
	主观多量	ビールを5本も飲みました。
～も～も	并列	王さんも李さんも2年生です。
と	并列	高橋さんと鈴木さんは留学生です。
	相互动作的対象	友達といろいろなことを話しました。
	同一动作的参与者	高橋さんは王さんといっしょに図書館へ行きました。
	引用	これは日本語で何と言うんですか。
Nと同じ	类同	李さんは私と同じクラスです。 （李さんは私とクラスが同じです）
の	領属	鈴木さんは京華大学の留学生です。
	同位	こちらは友達の張さんです。
	动词词组名词化	これは母へのプレゼントです。
	形式名词	300元でシルクのが買えます。
	连体修饰语从句中的主语	これは李さんのよく行く店です。
か	疑问	王さんは大学生ですか。
	虚指	教室に誰かいます。
	选择性并列	朝はパンかマントウを食べます。
とか	举例	ゲームとかチャットをします。
でも	示例	お茶でも飲みませんか。
～や～など	并列	ひらがなやカタカナなどは簡単です。
から	起点	図書館は朝8時からです。
	原材料、成分	牛乳からチーズを作ります。
	原因、理由	天気がいいから、散歩しましょう。
まで	终点	図書館は夜10時までです。
までに	期限	月曜日までに宿題を出してください。
だけ	限定	これは日英だけの辞書ですか。
しか	限定	これは日英しかない辞書ですか。
って	话题	鈴木さんってどんな人ですか。

助詞のまとめ

续表

助詞	意味	例文
ずつ	等量	一人一つずつ質問しました。
ね	確認	寒いですね。
よ	主張、提示	寒いですよ。
无助词现象		三年生の周さん｛φ｝、二等賞でしたね。